Le sacrement de Réconciliation

MIRACLE DE L'AMOUR

SECRÉTAIRERIE D'ÉTAT

PREMIÈRE SECTION - AFFAIRES GÉNÉRALES

N. 384.091

Du Vatican, le 2 décembre 1995

Mon Révérend Père,

Vous avez récemment offert au Saint-Père un exemplaire de votre dernier ouvrage, *Le sacrement de la réconciliation, miracle de l'amour*. Je suis chargé de vous remercier vivement pour cet envoi, signe de votre filial attachement au Successeur de Pierre.

Avec un souci pédagogique, vous vous attachez à présenter aux lecteurs les différents aspects du sacrement du pardon, par lequel nous expérimentons la puissance de la grâce divine. Puissent les fidèles redécouvrir sans cesse la grandeur de cette rencontre personnelle avec Dieu, source de joie et d'espérance ! Sa Sainteté vous accorde volontiers sa Bénédiction apostolique.

Je vous prie de croire, mon Révérend Père, à mes sentiments cordiaux et dévoués dans le Seigneur.

Sandri

Mgr L. Sandri
Assesseur

Révérend Père Jacques MARIN, mdf
NOUAN LE FUZELIER

Imprimatur :

Le livre du Père Jacques Marin rappellera aux lecteurs l'importance du sacrement de la réconciliation dans l'économie sacramentaire de l'Eglise catholique. Qu'il contribue au renouveau de la demande de ce sacrement.

Jean Cuminal, *Évêque de Blois*
Blois, le mercredi des Cendres,1er mars 1995

ISBN 2-84024-061-0

Burtin, F- 41600 Nouan-le-Fuzelier

Illustration de couverture : Feu et Lumière

PÈRE JACQUES MARIN

LE SACREMENT DE RÉCONCILIATION

MIRACLE DE L'AMOUR

Préface de Monseigneur A.-M. de Monléon
Évêque de Pamiers

4e édition

le Verbe de Vie

Éditions des Béatitudes

La Collection "le Verbe de Vie" est dirigée par la Communauté du Verbe de Vie (19190 Aubazine).
Elle aborde des thèmes de la vie spirituelle utiles à la vie du disciple du Christ et destinés à faire croître l'amour de Dieu, de sa Parole et de l'Eglise.

Du même auteur :

- *Vous recevrez le centuple - Journal de la fidélité de Dieu*, Éditions des Béatitudes, 1987.

- *Aimer, c'est pardonner - l'appel au mariage solide, mystique et réaliste*, Éditions des Béatitudes, 1990.

- *Fais la joie de Jésus - des vies consacrées pour la nouvelle évangélisation*, Éditions des Béatitudes, 1993.

- A ma mère qui m'a appris à me confesser,

- Aux saints prêtres qui m'ont donné ce sacrement,

- Aux nombreux chrétiens en recherche
de la miséricorde divine,

- A tous les hommes de bonne volonté
qui ont soif de réconciliation.

"En cette troisième année, 1999, le sens du "cheminement vers le Père" devra nous pousser tous à parcourir, dans l'adhésion au Christ, rédempteur de l'homme, un itinéraire de conversion authentique, qui comprend un aspect "négatif" de libération du péché, et un aspect "positif" de choix du bien, exprimé par les valeurs éthiques comprises dans la loi naturelle confirmée par l'Evangile. C'est dans ce cadre qu'il convient de redécouvrir et de célébrer avec ferveur le sacrement de pénitence, dans son sens le plus profond."

Jean-Paul II,
(lettre apostolique pour le jubilé de l'an 2000, n° 50)

Préface

Le sacrement de Réconciliation, dont on perçoit aujourd'hui les signes de redécouverte, sera certainement, dans les années à venir, l'une des sources les plus vives de renouveau chez les catholiques et, à travers eux, de la société elle-même." "Le monde", nous dit le Père Jacques Marin, "se trouverait mieux si davantage de catholiques se confessaient", non qu'ils portent le péché de ce monde, mais parce que, par eux, la grâce du Christ se diffuserait davantage. Essayons de voir pourquoi.

Les profonds déséquilibres et les conflits dont souffre notre société ne sont pas dûs uniquement à des dysfonctionnements d'ordre technique, économique, politique ou professionnel, ils ont aussi, et peut-être surtout, des causes et des retentissements d'ordre spirituel et moral. Or, seuls le pardon et la réconciliation peuvent guérir les hommes des blessures qu'ils reçoivent et infligent. La repentance et le pardon les restaurent dans une responsabilité qu'ils désertent de plus en plus, et dans leur vraie dignité. Car la réconciliation n'est pas la négation, la relativisation ni l'impossible oubli du mal et de l'injustice. Elle n'est pas un non-lieu, une indulgence puérile ou une amnistie automatique. Elle est la capacité de réparer l'injustice, de se séparer du mal. C'est cela qui redonne à l'homme sa vraie liberté et sa responsabilité, qui lui permet à nouveau d'accueillir et de faire le bien, de le susciter ou de le restaurer autour de soi.

Être responsable, c'est pouvoir appeler le bien bien et le mal mal. Refuser qu'il y ait du bien et du mal c'est rendre le mal tellement lourd à porter que l'homme en est écrasé, mais c'est aussi lui dénier la faculté de faire le bien. Le sacrement du Pardon est, dans la repentance et la délivrance du mal commis, la promesse d'une ouverture au bien.

Indispensable, le pardon est cependant tellement difficile, pour ne pas dire impossible, à l'homme laissé à ses seules forces qu'il lui faut un don, une grâce de Dieu. C'est dans le Christ, par Lui et à cause de Lui, que le pardon est possible. Dans le Christ Sauveur l'homme n'est plus enchaîné à la fatalité des rivalités et des injustices, à l'idolâtrie de la violence, à la fascination de l'instinct de mort. Le Seigneur veut apporter, par son Église, la Bonne Nouvelle de la réconciliation et la paix par la lumière de la vérité et la miséricorde de l'amour. Cette paix et cette réconciliation sont, avec l'Esprit Saint, les tout premiers dons de Jésus ressuscité à ses Apôtres et, à travers eux, à l'humanité. *Le soir du jour premier de la semaine (...) Jésus se tint au milieu de ses disciples et il leur dit : "La paix soit avec vous." (...) Il souffla sur eux et leur dit : "Recevez l'Esprit Saint. Ceux à qui vous remettrez les péchés, ils leur seront remis. Ceux à qui vous les retiendrez, ils leur seront retenus."* (Jn 20, 19, 22-23). Le sacrement de la Réconciliation, si l'on veut bien être attentif à toute sa richesse et sa valeur, est un des grands chemins de paix et de guérison pour tant d'hommes blessés dans leur âme ou leur conscience. Le Père Jacques Marin était particulièrement autorisé de parler de ce sacrement. Sa grande connaissance, non seulement du monde du travail, mais de toutes conditions de vie à travers rencontres, retraites et sessions, et surtout les nombreuses heures passées à confesser, lui permettent d'apporter son expérience et sa réflexion au service de cette grande oeuvre de renouveau spirituel qu'est la confession.

Le premier effet d'une prise en considération de l'importance du sacrement de la Réconciliation, c'est de reconnaître le mal dont on est délivré par le pardon. Ce mal le plus grave dont souffre l'homme et qu'il cherche à ignorer le plus souvent, c'est le péché. Le Pape Jean-Paul II, dans son exhortation apostolique *Réconciliation et pénitence*, fruit du Synode des évêques de 1984, disait : "Rétablir un juste sens du péché, c'est la première façon d'affronter la grave crise spirituelle qui pèse sur l'homme de notre temps."[1] Cela demande une réelle lucidité intellectuelle et spirituelle pour ne plus appeler bien ce qui est mal, pour reconnaître qu'il existe des fondements objectifs à la vie morale, que les actes humains ont un sens et des conséquences. L'homme ne peut se comprendre vraiment que s'il reconnaît que sa vie a un sens ultime et que ses actes ont du poids. A force de vouloir rejeter les tabous, les lois, les devoirs, à vouloir à tout prix éviter la culpabilisation, on plonge en réalité les personnes et surtout les jeunes dans une angoisse dont ils ne peuvent plus se défaire. Pour le chrétien, la vie morale, la responsabilité "avant d'être une question sur les règles à observer, est une question de plénitude de sens pour la vie"[2]. Et cette plénitude c'est la vie éternelle dont la source et le chemin sont Dieu lui-même.

1- Exhortation apostolique *Réconciliation et pénitence*, n°18.
2- Jean Paul II, *La Splendeur de la Vérité*, n°7.

"Si le péché est la rupture du rapport filial avec Dieu pour mener sa vie en-dehors de l'obéissance qu'on lui doit, alors pécher ce n'est pas seulement nier Dieu ; pécher, c'est aussi vivre comme s'il n'existait pas, c'est l'effacer de sa vie quotidienne."[3]

Dans notre société nous nous trouvons de fait, dit encore *Réconciliation et Pénitence*,"en face d'une exclusion de Dieu"[4]. La prétention démesurée de l'homme moderne est de vouloir être à lui-même sa propre fin, sa plus haute valeur, mais aussi de trouver sa perfection et son accomplissement par ses propres moyens, c'est-à-dire de vouloir se sauver par lui-même grâce aux pouvoirs, sans cesse grandissants, qu'il s'est acquis dans tous les domaines. Devant cette prétention de l'homme à se faire dieu qui conduit à tant de violences et d'échecs, de larmes et de sang, Dieu ne peut opposer que l'abîme de sa miséricorde et de son innocence. De la surabondance de cette miséricorde nous viennent la délivrance et la joie d'être sauvé, recréé ; nous vient aussi la reconnaissance, dans les deux sens du terme, du péché dont on reçoit le pardon et l'action de grâce.

Seule la reconnaissance que le Salut vient de Dieu et l'acceptation de sa miséricorde par la repentance, le retour à Dieu comme à un Père très aimant (cf. Lc 11, 32) peuvent libérer les hommes de l'oppression du péché qui pèse sur eux. "Le Bon Dieu aura plus tôt pardonné à un pécheur repentant", disait le Curé d'Ars, "qu'une mère n'aura retiré son enfant du feu."

3- Exhortation apostolique *Réconciliation et pénitence*, n°18.
4- ibid., n°14.

Face à l'aveuglement des esprits et à l'obscurcissement des consciences il faut retrouver la lucidité, et elle n'est vraie et authentique que dans le pardon et la repentance. Face au refus de ses responsabilités il faut l'aveu, la confession de la miséricorde de Dieu et de notre condition de pécheur. L'humilité seule nous ouvre le chemin du repentir, nous permet la conversion du coeur pour revenir à Dieu dont le Coeur est hâvre de paix et repos de l'âme (cf. Mt 11, 29).

Dans ce livre le Père Jacques Marin nous propose une pédagogie du sacrement de la Réconciliation pour nous aider à mieux nous confesser et mieux nous convertir. Nourri de textes de l'Écriture et de citations du saint Curé d'Ars, cet ouvrage est aussi un petit traité de vie spirituelle à partir de la Réconciliation. Il en décrit et explique les principaux moments et les fruits. Il rappelle que le sacrement de la Réconciliation est aussi un sacrement de guérison intérieure. "L'Église voit dans ce sacrement un aspect thérapeutique ou médical"[5], dit Pape Jean-Paul II. "C'est beau de penser", dit encore le saint Curé, "que nous avons un sacrement qui guérit les plaies de notre âme". Le Christ est venu comme médecin des âmes et des corps, pour guérir tout ce que la faiblesse ou l'infirmité humaines peuvent avoir entraîné de blessures en soi-même et chez les autres. Les fruits de la confession sont comme le fruit de l'Esprit : *"amour, joie, patience, paix, bonté,..."* (Ga 5, 22). Il ne suffit pas de pardonner aux autres, il faut aussi se réconcilier avec soi-même, ce qui est sans doute la tâche la plus difficile, mais elle est rendue possible par la démarche et la grâce du sacrement dans la patience de Dieu à

5- Exhortation apostolique *Réconciliation et pénitence,* n°31.

qui il faut laisser le temps d'agir et de nous pacifier. Enfin, la Réconciliaiton est un sacrement qui rayonne dans la communauté chrétienne. Il la fait grandir dans la foi et la charité, dans la joie et l'espérance. Ce sacrement fortifie aussi la communion des époux et la vie familiale où il permet de surmonter des incompréhensions et des passages difficiles. Il renouvelle les fidèles dans leur milieu de travail ou leur vie associative.

Les chrétiens se demandent parfois pourquoi l'oeuvre de la Rédemption accomplie par le Christ a si peu de prise dans le monde des hommes. Serait-ce qu'il y manquerait quelque chose ? Serait-elle incomplète, inachevée, pas vraiment donnée ? Non, *"par son propre sang le Christ a obtenu une fois pour toutes le salut définitif"* (Hé 9, 12). En réalité l'une des raisons pour lesquelles le salut de la Rédemption ne se déploie pas davantage dans le monde, c'est qu'il n'est pas suffisamment attendu, reconnu, accueilli, en particulier dans le sacrement de la Réconciliaiton. Le Pardon est l'un des plus grands dons de Dieu à l'homme pécheur. Il est le sacrement de la vie nouvelle dans le Christ, la réactualisation de la grâce du Baptême. Il est la source et la force d'une liberté renouvelée pour marcher au chemin de la lumière et de la paix, pour rayonner de la miséricorde de Dieu dans le monde qui en a tellement soif.

Mai 1995,
fr. Albert-Marie de Monléon, o.p.
Evêque de Pamiers

AVANT-PROPOS

Un sacrement de l'amour

"Pour recevoir le sacrement de pénitence,
il faut trois choses :
la **foi** qui nous découvre
Dieu présent dans le prêtre,
l'**espérance** qui nous fait croire
que Dieu nous donnera la grâce du pardon,
la **charité** qui nous porte à aimer Dieu,
et qui met au coeur le regret de l'avoir offensé."
(Saint curé d'Ars)

Le sacrement de réconciliation est d'abord sacrement de l'**Amour.**

Dans une bonne confession, il semblerait que l'on n'y parle que de péché et de pardon, et pourtant, en fait, tout n'y est qu'amour. Il y a celui de Dieu qui est toujours présent, parce que fidèle ; et puis, le nôtre, celui du pécheur qui se repent et qui revient.

Et cet événement est extraordinaire, parce qu'il engendre la réconciliation, là où butte radicalement notre humanité laissée à ses propres moyens.

Mais la grâce de Dieu est là qui nous permet de croire au miracle. Car c'est bien d'un miracle qu'il s'agit et qui se produit chaque fois dans le sacrement de réconciliation : le **miracle de l'amour.**

Qu'est-ce qu'un miracle ? C'est un fait extraordinaire où par la foi nous pouvons reconnaître la bienveillance divine. Et il est bien vrai qu'à chacune de nos confessions, Dieu intervient là où les hommes ne peuvent le faire. Dans sa miséricorde, il le fait par sa toute-puissance qui nous dépasse : c'est pourquoi il y a "miracle". En ce cas, ce n'est donc pas l'homme qui est à la recherche du merveilleux, mais Dieu qui veut faire pour lui des merveilles : c'est la vie de la Vierge Marie, et c'est aussi la nôtre : *"Le Puissant fit pour moi des merveilles, Saint est son nom"* (Lc 1,49). A nous d'aller chercher les trésors de son amour dans le sacrement de réconciliation. Mais où en sommes-nous ?

"Personne ne m'a jamais appris à me confesser"... Combien de prêtres ont pu entendre cette parole ? A sa petite place, ce livre voudrait remédier à cette lacune très importante. Y remédier en partie, car nous ne "saurons" jamais nous confesser, pas davantage les prêtres que les fidèles, en ce sens que nous pouvons et devons toujours progresser. Y remédier... un bien grand mot, avec ces quelques pages ! Ce modeste livre n'a pas l'ambition d'être exhaustif pour ce qui est de la doctrine, ni pour ce qui est des conseils pratiques.

Il y a deux grands obstacles à la confession : l'ignorance et la tiédeur. Pour y remédier nous allons essayer de décrire toutes les étapes qui composent ce sacrement et en livrer le contenu et la richesse. Suivent quelques conseils pratiques, qui permettront de "faire de meilleures confessions", mais il faudra encore et par-dessus tout compter sur la grâce de Dieu car c'*est par grâce que vous êtes sauvés* (Ep 2, 5) :

- Impossible d'aimer Jésus si nous n'aimons pas en même temps les sacrements qu'il a institués.
- Impossible d'aimer ce beau sacrement de réconciliation si nous ignorons ce qui s'y passe en tout ou en partie.
- Impossible de persévérer dans le goût de nous confesser si nous n'avons pas fait l'expérience des fruits spirituels qu'il nous apporte.
- Impossible aussi d'entrer dans les profondeurs et la richesse de ce sacrement sans être éclairés par les conseils appropriés à sa pratique.

Il est vrai également que *"ce qui est impossible pour les hommes est possible pour Dieu"* (Lc 18, 27).

Mais le Seigneur a choisi de se servir des hommes en faisant des prêtres ses ministres. Et il invite les pénitents à venir recevoir ce sacrement. Il faut alors nous poser sérieusement la question : comment avons-nous répondu à la confiance que nous fait le Seigneur ? Il nous offre **la grâce de sa**

miséricorde. Qu'en avons-nous fait ? Qu'en faisons-nous aujourd'hui, prêtres et fidèles ?

Nous le savons, le sacrement de réconciliation reçu avec foi renouvelle la ferveur de l'Eglise. Ce sacrement contribue à la sanctification personnelle et fait la beauté du peuple de Dieu. Pour cela, il faut des prêtres, et dans beaucoup d'endroits, il en manque. Et il y a un lien entre le besoin de vocations sacerdotales et la pratique des sacrements dont le prêtre est le ministre. De ce fait, on peut penser qu'à mesure que les chrétiens décideront de se confesser régulièrement, le Seigneur pourvoira en nombre et en sainteté pour les prêtres nécessaires à son Eglise.

Quand tous les baptisés croiront à ce sacrement, l'unité de l'Eglise sera fortifiée, et cela contribuera fortement à la paix dont notre monde a tant besoin pour se construire.

Croire en ce sacrement, c'est croire en la miséricorde divine c'est aussi la pratiquer en vérité selon le coeur de Dieu. Ce faisant, quel bouleversement dans le coeur de chacun pour l'Eglise et pour le monde.

Par sa miséricorde à laquelle il appelle tous les hommes, Dieu veut sauver notre monde qui vit dans l'agressivité. Mais comment croire à ce salut donné par Jésus et en Jésus, sinon par des témoins de sa miséricorde. Et comment croire ces témoins s'ils ne sont pas eux-mêmes ruisselants de la tendresse de Dieu !

C'est bien vrai que le monde attend ce **témoignage**. Évangéliser, c'est prêcher l'amour du Père et sa miséricorde pour tous ses enfants.

L'évangéliste doit aussi joindre le geste à la parole pour être crédible. Et ce geste, c'est bien qu'il vive lui-même d'abord de cette miséricorde. Comment en vivre en vérité sinon en allant jusqu'au sacrement que Jésus a voulu pour cela ?

Alors se confesser, est-ce déjà évangéliser ? Oui, effectivement, c'en est le premier pas. L'évangélisation ne saurait s'en passer. On ne peut exercer la miséricorde que si on l'a reçue de Dieu et elle passe par le sacrement. Pierre, après avoir renié Jésus, a fait l'expérience de la miséricorde divine. Au matin de Pentecôte, il prêche la miséricorde et il y a trois mille conversions.

Le monde attend un grand changement. Certains imaginent un bouleversement. Les sectes le promettent. N'attendons rien de magique. C'est à chacun de s'engager pour de bon dans le domaine de l'amour, pour en arriver à une révolution bénéfique : **la révolution de l'amour**. Elle se fera d'abord par la réconciliation donnée dans le sacrement. Il en va du salut du monde entier, car Jésus en est le sauveur, le sauveur de tous et de chacun. En retour d'un tel amour où Jésus a tout donné pour nous, est-il possible qu'il y ait un seul coeur sur cette terre pour refuser le sang que le Fils de Dieu a versé du haut de la Croix ?

Et ce "oui" au sacrifice de Jésus sur la croix passe par le sacrement. C'est pourquoi la réconciliation qui y est vécue n'est rien d'autre que l'amour de Dieu qui se donne.

Puissent ces pages en aider beaucoup à entrer davantage dans les richesses de ce "coeur qui a tant aimé les hommes" (Jésus à sainte Marguerite-Marie).

Le parcours se fera dans les étapes suivantes :
- Dieu vient d'abord toucher notre coeur.
- Avec la grâce de Dieu, nous avons une démarche à faire.
- Au-delà du pardon, les fruits du sacrement.
- Au sommet de l'amour, la réconciliation.

CHAPITRE I

A la rencontre de notre Dieu d'Amour

"Je te dis : Ne crains pas,
c'est moi qui te viens en aide."
(Is 41, 13)

CHAPITRE I

1- Un rendez-vous d'amour avec Jésus
2- En Jésus, c'est la compassion du Père qui vient à nous
3- De tout coeur accueillir la miséricorde divine
4- Me laisser aimer à partir de ma misère
5- Pardonne-moi, comme j'ai pardonné à mon frère

Pour recevoir tout sacrement il y a une démarche à faire, même si la grâce de Dieu est toujours première dans notre vie. De fait, dans la rencontre que nous faisons avec Dieu, c'est bien lui le Seigneur qui a fait le premier pas, car : *Ce n'est pas nous qui avons aimé Dieu, mais c'est Lui qui nous a aimés et qui a envoyé son Fils en victime de propitiation pour nos péchés* (1 Jn 4, 10), nous dit saint Jean.

L' histoire de l'homme avec son Dieu est une relation d'amour avant tout, quelle que soit l'immensité de la grandeur de Dieu et face à lui, la profondeur de la misère de l'homme. Car *Dieu est amour* (1 Jn 4, 16).

Toute la question est là : l'homme va-t-il enfin se laisser aimer par Dieu ? Ce sera possible à condition qu'il voie en celui-ci un Père et se considère bien lui-même comme son enfant.

La pratique du sacrement de réconciliation est donc le test imparable et incontournable pour vérifier la justesse de la relation "homme-Dieu". Tout chrétien qui se pose la question : "Où en suis-je par rapport à Dieu en qui je crois", trouve la réponse dans cette double interrogation : à quand remonte ma dernière confession ? Et avec quel coeur, dans ce sacrement, suis-je allé à la rencontre du Seigneur ?

1- UN RENDEZ-VOUS D'AMOUR AVEC JÉSUS

> *"Je te fiancerai à moi pour toujours. (...) Je te fiancerai dans la tendresse et la miséricorde. Je te fiancerai à moi dans la fidélité et tu connaîtras le Seigneur ton Dieu"* (Os 2, 21-22).

L'amour de Dieu est destiné à tous mais aussi tout particulièrement pour moi : je dois en être convaincu. Celui qui a soif d'être aimé va spontanément au-devant de l'amour. Et c'est sur la Croix que Jésus a mis le comble à son amour pour moi : *"Il m'a aimé et s'est livré pour moi"* (Ga 2, 20), s'exclame saint Paul.

Une décision à prendre

Aller recevoir le sacrement de réconciliation, c'est aller au-devant de cet amour tout particulier qu'a eu Jésus pour moi, et qu'Il a encore chaque jour à mon égard.

Aller à Lui... la démarche n'est pas facile à vivre, et pourtant Jésus m'attend, lui qui est venu me rappeler l'amour du Père, l'amour de celui qui attend sur le seuil de sa maison le retour de son fils prodigue, ingrat et renégat, peut-être.

Pour faire cette démarche, il y a une décision à prendre. Elle peut sembler coûteuse, mais ensuite tous les obstacles tombent. Dieu vient d'abord toucher le coeur du pécheur et ce n'est jamais avec la menace d'un justicier, mais avec le coeur d'un Père qui n'a pas cessé d'aimer son enfant. Au contraire même, son coeur s'est encore davantage gonflé d'amour pour lui au fil de ces longues années d'attente.

C'est ainsi que j'en fis l'expérience, de passage à Ars. C'était à l'occasion d'un pèlerinage personnel un jour d'hiver où je pris le temps d'aller prier une heure ou deux devant la châsse du saint curé. Voici qu'une dame d'une cinquantaine d'années s'approcha et demanda : "Mon Père, pourrais-je me confesser ?" Je l'accueillis immédiatement dans une chapelle de la basilique. Puis elle me salua en me disant : "Il ne reste plus qu'à retrouver cette amie qui a eu la gentillesse de me conduire jusqu'ici, sans plus attendre nous allons pouvoir repartir. Pourquoi vous trouviez-vous là justement pour me recevoir ?" Dieu avait tout prévu.
Le plus difficile avait été la décision à prendre, et qui lui fut donnée une fois son coeur touché. La fatigue des six cents kilomètres effectués par elle ce jour-là était bien secondaire. Elle avait été attirée par ce lieu béni pour ce sacrement. Il semblerait que le saint curé soit encore là dans son village. A vrai dire, s'il n'y est pas présent physiquement, il y est par son intercession au ciel pour les pauvres pécheurs que nous sommes. L'invoquer nous obtient de grandes grâces de repentance. Mais il nous faut encore les accueillir.

Aller se confesser c'est décider de revenir à l'amour, le véritable amour. Par un chemin d'humilité, la liberté de faire la démarche sera possible. C'est faire de cette rencontre avec Dieu, non pas une "obligation", une corvée ou une humiliation, mais un "rendez-vous d'amour" où le Seigneur nous attend. Ce rendez-vous d'amour ne se fait-il pas à l'intérieur d'un couple ayant besoin de se pardonner l'un l'autre : les époux y retrouvent l'amour au coeur de la miséricorde. Mais s'ils refusent ce rendez-vous d'amour, eux qui s'étaient promis fidélité pour la vie en sont blessés davantage encore. La réconciliation est une affaire d'amour, qui se vit dans la confiance réciproque. Celle-ci est toujours indispensable.

Il en va de même dans notre relation avec le Seigneur : et comme Dieu est Lui-même l'Amour, nous avons davantage encore la certitude absolue que le pardon nous sera accordé.

Qui reçoit de Dieu ou de son frère le pardon de sa faute après l'avoir demandé est déjà revenu dans le domaine de l'amour. Voilà qui est juste et réconfortant ; mais il fallait d'abord avoir le désir de faire la démarche.

Ne rien laisser perdre de l'amour de Jésus pour nous

Dans le sacrement de réconciliation, il y a deux coeurs qui se rencontrent, celui de Dieu et celui de l'enfant qui revient vers le Père. Alors la confession fréquente n'est plus un commandement, mais un besoin. C'est le besoin du coeur qui ne saurait souffrir plus longtemps cet éloignement avec Celui de qui pourtant il a tout reçu : *" Oui de sa plénitude nous avons tous reçu et grâce pour grâce"* (Jn 1, 16).

L'eucharistie et le mariage, sacrements de l'alliance de Dieu avec les hommes sont, chacun le sait, des sacrements de l'amour. Mais le sacrement de réconciliation est également sacrement d'amour, lui qui donne de retrouver et l'alliance et l'amour. A cause de cela, non seulement il n'est pas facultatif, mais absolument nécessaire. Celui qui le refuse, refuse l'amour de Dieu. En effet, le Seigneur n'a qu'une hâte dans sa bonté infinie, c'est de nous donner sa miséricorde. C'est sa façon de nous aimer à partir de notre vie de pécheur. Aussi quelle peine n'y a-t-il pas dans le coeur de Dieu à la pensée que cet amour donné par lui puisse être perdu. Sainte Thérèse de l'Enfant-Jésus a bien compris cette ingratitude des hommes :

> "Un dimanche en regardant une image de Jésus en croix, je fus frappée par le sang qui coulait d'une main, j'éprouvai une grande peine en pensant que ce

> sang tombait à terre sans que personne ne s'empresse de le recueillir, et je résolus de me tenir en esprit au pied de la croix pour recevoir la divine rosée qui en coulait, comprenant qu'il me faudrait ensuite la répandre sur les âmes..."[1]

A ce moment, le coeur touché, Thérèse qui n'a encore que treize ans et demi, offre déjà sa vie pour se tenir au pied de la croix. Elle veut tenir la place de la multitude des pécheurs qui passent chaque jour à côté de ce rendez-vous d'amour. Et c'est là qu'elle sera comblée au Carmel :

> "Ô mon Dieu ! votre amour méprisé va t-il rester en votre coeur ? Il me semble que si vous trouvez des âmes s'offrant en victimes d'holocauste à votre amour, vous les consumeriez rapidement, il me semble que vous seriez heureux de ne point comprimer les flots d'infinie tendresse qui sont en vous... Ô mon Jésus ! que ce soit moi cette heureuse victime, consumez votre holocauste par le feu de votre divin amour !"[2]

Une rencontre d'amour donc, pour réparer l'amour ou retrouver l'amour : voilà bien ce que Jésus attend de chacun de nous. Dans cette intimité retrouvée, qui donc encore pourrait refuser à celui qui nous a tant aimés d'aller recueillir le sang tombé de sa croix pour nous. Pascal écrira : "J'ai versé telle goutte de sang pour toi."

1- Manuscrits autobiographiques, p. 117.
2- Manuscrits autobiographiques, p. 208.

C'est l'amour du Père qui t'a donné son fils Jésus, et ce faisant, il t'a tout donné. Chaque jour dans la prière, tu peux rejoindre le coeur du Père. Pour cela, Jésus nous a donné le "Notre Père".

Parce que tu es d'abord son enfant, chaque jour tu rejoins Dieu avec ton coeur. Cependant tu as souvent la tentation d'interposer tes pensées entre le Seigneur et toi. Tu t'imagines alors avoir rencontré Dieu. Mais très vite, tu réalises combien il t'est impossible de le saisir. Tu perçois alors l'abîme qui te sépare de lui car Il est le "tout autre", ton créateur. Et tu penses que le décalage entre Lui et toi vient de ce que tu n'es qu'une pauvre créature. Ce n'est pas faux, mais ce n'est pas juste non plus. En rester là serait pénible. En fait le vrai décalage est plus profond encore : il est au niveau du coeur. Et beaucoup ne le voient pas et ne le savent pas. Alors accepte sans retard ce coeur à coeur avec ton Dieu. Il t'attend comme un Père. Laisse-toi aimer en toutes circonstances, particulièrement à partir de ta misère et de ton péché. Pour cela il te faut quitter l'esprit du monde, où par le raisonnement et la pensée on calcule ou organise, et entrer dans un esprit d'abandon filial où d'un coeur libre on met toute sa confiance en Dieu. Ce n'est plus alors un rendez-vous d'affaire où "les bons comptes font les bons amis" mais un "rendez-vous d'amour". La seule démarche valable avec le Seigneur doit être pour toi cet abandon au coeur miséricordieux du Père.

Quand tu penses que le moment est venu d'aller te confesser, laisse donc d'abord parler ton coeur, et ta mémoire seulement en second, pour te souvenir de tes péchés. Regarde d'abord vers le Seigneur, vois quel amour immense il a pour toi. Alors tu seras rassuré, te confesser ne sera plus compliqué. Et tu percevras très vite que c'est lui d'abord qui t'attendait, avant même que tu n'aies le désir d'aller à sa rencontre, puisque : "Dieu est bien plus grand que notre coeur et Il connaît tout" (1 Jn 3, 20).

2- EN JÉSUS, C'EST LA COMPASSION DU PÈRE QUI VIENT À NOUS

"Ce n'est pas le pécheur qui revient à Dieu pour lui demander pardon; mais c'est Dieu lui-même qui court après le pécheur et le fait revenir à lui"[1] , nous dit le curé d'Ars.

Jésus a vu la misère de Zachée, cet homme riche. Il a vu la misère du coeur, et tout de suite il s'invite : *"Zachée, descends vite car il me faut aujourd'hui demeurer chez toi"* (Lc 19, 5).

Jésus va s'asseoir à la table des pécheurs puisqu'ils ne peuvent pas venir à lui : *"Lévi fit un grand festin à Jésus dans sa maison et il y avait là une foule nombreuse de publicains"* (Lc 5, 29). Et Jean nous dira : *"Il nous a aimés*

1- B. Nodet : *Jean-Marie Vianney, Curé d'Ars,* Ed. X. Mappus, p. 132.

le premier" (1 Jn 4, 19). Et il nous aime à partir de notre misère : *"A la vue des foules, il en eut pitié, car ces gens étaient las et prostrés, comme des brebis qui n'ont pas de berger"* (Mt 9, 36).

C'est d'abord un regard de compassion que pose Jésus sur chacun des hommes qu'Il désire sauver et ce regard pénètre au plus intime de son coeur. Jésus voit le coeur de l'homme : *"Il savait ce qu'il y avait dans l'homme"* (Jn 2, 25), nous dit saint Jean.

Jésus pose son regard sur le paralytique. La foule voit un malade physique, Jésus, lui, voit son âme en désarroi. Tout de suite Il lui dit : *"Aie confiance mon enfant, tes péchés te sont remis"* (Mt 9, 2). Il lui aura fallu moins de temps pour voir le besoin de son âme que tout son entourage pour percevoir la paralysie qui nécessite de l'apporter sur une civière. La foule n'a pas vu. Les pharisiens, eux, voient de travers : *"Cet homme blasphème. Qui peut remettre les péchés, sinon Dieu seul ?"* Alors tous sont obligés de voir et exhortés à croire : *"Pour que vous sachiez que le Fils de l'homme a le pouvoir sur terre de remettre les péchés, lève-toi, dit-il alors au paralytique"* (Mt 9, 6). Et la foule rend gloire à Dieu.

Mais pourquoi cette foule considérable est-elle assemblée autour de Jésus ? Parce que *"Dieu a visité et délivré son peuple"* (Lc 1, 68). Aujourd'hui encore, le regard que pose Jésus sur chacun de nous est un appel personnel à aller vers Lui à notre tour, sans crainte.

Le coeur touché

Certes une cérémonie pour amener une assemblée à la repentance collective de ses péchés est très importante, mais sans aveu personnel de son propre péché, il est inutile d'attendre une vraie conversion, car la conversion est personnelle. C'est le coeur de chacun que Jésus veut toucher, pour que nous puissions accueillir la miséricorde divine.

Dans la confession, c'est la compassion de Jésus qui vient à nous au travers du prêtre qui nous reçoit. Et dans la compassion il n'y a ni jugement ni condamnation :

> *"Alors se redressant, Jésus lui dit : femme où sont-ils ? Personne ne t'a condamnée ? - Elle dit : "Personne, Seigneur." Alors Jésus lui dit : "Moi non plus je ne te condamne pas. Va, désormais, ne pèche plus."* (Jn 8, 1-12).

Jésus reprend l'enseignement de l'ancienne alliance et accomplit la promesse du prophète :

> *"Un court instant je t'avais délaissée, ému d'une immense pitié, je vais t'unir à moi. Débordant de fureur, un instant, je t'avais caché ma face,dans un amour éternel, j'ai eu pitié de toi, dit le Seigneur, ton rédempteur"* (Is 54, 7-8).

Ainsi Jésus notre unique sauveur nous manifeste-t-il par toute sa vie **l'amour du Père**. C'est Lui et son amour paternel qu'Il est venu nous révéler : Jésus répondra à Philippe en recherche de cet amour divin :

> *"Qui m'a vu a vu le Père. Comment peux-tu dire : Montre-nous le Père ? Ne crois-tu pas que je suis dans le Père et que le Père est en moi ?"* (Jn 14, 9-10).

Après sa résurrection, Jésus dira : *"Comme le Père m'a envoyé, moi aussi je vous envoie"* (Jn 20, 21). Au coeur de cet envoi, le prêtre vit effectivement la paternité spirituelle qui lui est donnée dans son sacerdoce, et celle-ci s'exerce tout particulièrement dans le ministère de ce sacrement. Aussi manifestera-t-il la bonté et la fermeté d'un père. Le pénitent, de son côté, devra reconnaître cette paternité. Ne le fait-il pas lorsque, dans sa confession, il s'adresse à la fois à Dieu le Père et au prêtre en demandant pardon de ses péchés ?

Celui qui par la foi a découvert la réalité de la paternité spirituelle du prêtre, fera beaucoup plus facilement la démarche d'aller se confesser.

Pour retrouver l'importance de ce sacrement et de la place que le prêtre y tient, il est souvent nécessaire de se laisser enseigner :

> Lors d'une retraite dans un centre spirituel, un homme qui avait accompagné son épouse vécut une véritable conversion. A vrai dire son épouse était déjà venue par trois fois faire seule une récollection dans ce lieu. Cet homme était un bon croyant et ne le cachait pas. Mais pour lui, les sacrements étaient de l'ordre de la "dévotion" et donc du facultatif. Et voilà quel fut son témoignage devant tous, à la clôture de cette retraite :
> "Comment est-il possible d'avoir été aveugle à ce point ? J'étais venu ici pour accompagner ma femme, et prier aussi parce que je suis chrétien. Mais je ne m'imaginais pas à quel point j'avais fait de la religion une petite "affaire", en en prenant et en en laissant selon mon goût ou mes raisonnements. Plusieurs fois des paroles de l'Evangile m'avaient interpellé et invité à faire un pas. Cette fois ce pas a été d'aller voir un prêtre seul à seul et très vite j'ai compris, j'ai lâché le mot : "Il faut que je me confesse." Ce qui fut dit fut fait ! C'est beaucoup plus simple que l'on ne l'imagine : j'ai vu la bonté de Dieu se manifester, elle que je connaissais surtout avec mon intelligence. Pensez donc, il y a trente-cinq ans que je ne m'étais pas confessé.., depuis ma communion. Dieu sait attendre ; sa patience m'a confondu, j'en suis tout ému."

En voyant Jésus dans sa Passion

De fait, Jésus nous attend, et il nous attend dans la contemplation de sa vie offerte pour nous pécheurs.

Jésus nous dit sa souffrance et sa compassion devant son peuple qu'il est venu sauver, et qui refuse encore cette communion de coeur avec lui :

> *"Jérusalem, Jérusalem, toi qui tues les prophètes et lapides ceux qui te sont envoyés, combien de fois j'ai voulu rassembler tes enfants à la manière dont une poule rassemble sa couvée sous son aile.., et tu n'as pas voulu"* (Lc 13, 34).

Et voici la "grande semaine" :

La foule hurle : "Crucifie-le !", et Jésus, d'un supplice à l'autre, entre dans sa Passion. La tradition chrétienne nous laissera les quatorze stations du chemin de la Croix, et la compassion de Marie, debout au pied de la Croix.

C'est dans cette contemplation de la passion de Jésus, qui va jusqu'à sa mort en croix que nous pouvons préparer nos meilleures confessions.

C'est pourquoi il est bon de nous confesser devant un crucifix, puisque c'est du haut de la croix que Jésus a versé son sang pour nous : *"En lui nous trouvons la rédemption, par son sang, la rémission des fautes, selon la richesse de sa grâce"* (Ep 1, 7).

Jésus t'aime tout entier et tel que tu es. Après avoir accepté cette rencontre d'amour, il te faut prendre maintenant le temps d'accueillir et de "goûter" la compassion de celui qui t'a aimé jusqu'à donner sa vie pour toi. C'est ce qui va te "sauver". Dans cette relation d'amour vécue avec recueillement tu vas t'apercevoir que tu n'es pas à la hauteur de son amour. Et tout de suite la gratitude jaillira de ton coeur. Et puis tu vas découvrir que ce sont toutes les parties de ton être qui ont ce besoin absolu d'être sauvées. Mais comment imaginer et croire que la chose soit possible ? D'abord en prenant le temps de contempler le Seigneur dans sa bonté et sa toute-puissance. Tu Le verras alors spirituellement se pencher vers toi, non pas dans la condescendance d'un être supérieur, mais avec un coeur aux dimensions infinies, comme seul le Seigneur peut en avoir un.

Dans la contemplation et dans l'adoration, au travers de Jésus qui t'a appelé à lui, c'est la compassion du Père pour son enfant qui se manifeste à toi. Après avoir accepté ce rendez-vous d'amour, voyant à quel point Dieu t'a aimé, tu t'es vu dépassé. Mais tout de suite, au moment où il se penchait vers toi, tu as vu un **Père** *et de ce fait tu as pu accepter d'avoir un coeur d'enfant. "Voyez quelle manifestation d'amour le Père nous a donnée pour que nous soyons appelés enfants de Dieu, et nous le sommes !"* (1 Jn 3, 1).

Pour bien s'approcher de Dieu dans une confession il faut y aller avec un coeur simple, un coeur d'enfant. C'est un cadeau qui est donné dans la contemplation et dans la foi : "Nous avons reconnu l'amour que Dieu a pour nous et nous y avons cru" (1 Jn 4, 16).

C'est alors que tu peux voir un Père dans le prêtre qui t'accueille, avec humilité et par le coeur tu le découvriras et le rencontreras. Là est la clef pour aller se confesser avec confiance. C'est par la foi également que tu es invité à faire confiance à tous les prêtres et l'essentiel est d'en trouver un pour recevoir ce sacrement, même s'il est recommandé, à la mesure du possible, de rencontrer un confesseur avec lequel on se sente bien libre.

Pour bien te confesser, commence toujours par dire : "Mon Père, je m'accuse"... Voici un autre conseil important et qui reconnaît bien la paternité compatissante qui est là pour t'accueillir dans le sacrement.

3- DE TOUT COEUR ACCUEILLIR LA MISÉRICORDE DIVINE

Pour accueillir, il faut d'abord décider d'ouvrir son coeur. La compassion manifestée par Dieu ne supprime pas chez celui qui la reçoit l'appel à se convertir. Elle ouvre le coeur à la miséricorde divine et devient le canal de la grâce nécessaire à la conversion. La confession ne sera jamais une simple liste de péchés confiée à un prêtre. Elle n'est pas une façon de soulager sa conscience, mais un coeur à coeur avec Dieu. C'est celui d'un enfant qui revient vers son Dieu, certain que la parole de vérité de celui-ci n'était pas pour le condamner, mais pour le provoquer à réfléchir. Il lui fallait voir par quel mauvais chemin il s'en allait et décider de revenir vers l'amour qu'il n'aurait jamais dû quitter. Imaginons un instant que ce sacrement n'existe pas, et nous pouvons tout de suite dire avec le curé d'Ars : "Sans le sacrement de pénitence, on serait bien à plaindre."[1]

Pour accueillir, d'abord faire confiance...

Faisant l'expérience de la *miséricordieuse tendresse de notre Dieu* dont nous parle le cantique de Zacharie (Lc 1, 78) comment ne pas répondre à celle-ci de tout notre coeur et par ce premier mouvement qu'est l'accueil ? De fait le Seigneur attend de nous cet acte de confiance.

Aimer, c'est pardonner. Le Seigneur a voulu nous aimer en pardonnant notre péché. Lorsqu'il voit la misère dans laquelle nous sommes tombés, notre Père n'attend qu'une chose : nous prodiguer toute sa miséricorde pour nous relever. Dans la parabole de l'enfant prodigue (cf. Lc 15), le père est plus prodigue encore dans son amour miséricordieux que le fils ne le fut dans son ingratitude. Savoir que nous avons un père qui dans sa miséricorde "déraisonnable", attend toujours notre retour, nous redonne confiance en la vie, au moment même où percevant la laideur de notre péché, nous sommes saisis de vertige. S'il y a la folie du péché, Dieu est encore plus fou en amour : c'est "*la folie de la croix*" (1 Co 1, 18-25). Dans l'Evangile de Luc, le fils prodigue est l'enfant qui revient. Son Père accourt au-devant de lui et l'embrasse. Le

---

1- B. Nodet : *Jean-Marie Vianney, Curé d'Ars,* Ed. X. Mappus, p. 135.

fils est touché, il s'aperçoit que ce n'est pas un maître qui l'attend mais un père. Il peut alors regretter sa lâcheté et son péché. De même il nous faut faire un pas, faire confiance au Seigneur, nous laisser prendre dans ses bras. La peur et la honte commenceront alors à nous quitter.

...se pardonner à soi-même...

Le démon, lui, refuse cette miséricorde et fait tout ce qu'il peut pour nous laisser dans la culpabilisation. Il voudrait nous enfermer sur nous-mêmes et si possible nous empêcher de faire ce pas pour revenir vers le Père. Il veut nous faire pleurer sur nous-mêmes d'un dépit orgueilleux pour avoir mal fait, alors que nous nous étions juré de ne plus pécher, face à un si grand amour.

Pour vivre la foi chrétienne, nous avons besoin de vivre du trop-plein de la miséricorde de Dieu. D'ailleurs ce n'est qu'après avoir accueilli cette miséricorde infinie du Père que nous pourrons à notre tour pardonner à nos frères.

> C'est ainsi qu'un couple témoignait de la façon dont le Seigneur avait agi à leur égard alors qu'ils étaient prêts à se séparer faute de pouvoir s'entendre. Au détour du chemin, ils rencontrèrent un prêtre qui les invita, chacun, à faire une bonne confession personnelle. Quelle ne fut pas leur surprise de se voir à nouveau attirés l'un vers l'autre pour s'accorder le pardon et reprendre la vie commune.

...et croire que cette miséricorde est pour tous

Notre monde meurt faute de miséricorde. N'ayons pas peur de dénoncer ce drame. Oui, actuellement, pour notre monde rempli d'agressivité et pour l'Eglise en recherche d'unité, le besoin le plus criant c'est celui de la miséricorde. En ce temps où l'on parle beaucoup de paix, ne devrait-on pas enseigner et pratiquer la miséricorde comme seul chemin efficace pour y parvenir, comme condition "sine qua non" d'une paix véritable et universelle ? Il y a deux conditions à remplir pour cela : d'une part l'homme doit y mettre du sien et d'autre part il doit accepter de compter sur le secours de Dieu : *"l'intelligence en éveil, soyez sobres, et espérez pleinement en la grâce"* (1 P 1, 13). Quoiqu'il en soit ayons confiance, puisque notre Dieu est appelé par l'Ecriture elle-même : *"le réparateur des brèches"* (Is 58, 12).

Le pape Jean-Paul II dans son encyclique sur la miséricorde divine, reprenait ces termes du Concile Vatican II qui décrivent une situation toujours vraie trente ans après :

> "Ainsi le monde moderne apparaît à la fois comme puissant et faible, capable du meilleur et du pire, et le chemin s'ouvre devant lui de la liberté ou de la servitude, du progrès ou de la régression, de la fraternité ou de la haine. D'autre part, l'homme prend conscience que de lui dépend la bonne orientation de forces qu'il a mises en mouvement et qui peuvent l'écraser ou le servir."[1]

Pour le chrétien, le chemin à prendre est celui que l'Eglise lui propose, avec les sacrements qui lui sont confiés, en particulier le sacrement de réconciliation, source inépuisable de pardon et de paix. Si bien que l'amour fraternel vécu au coeur du monde et la paix qui en découle dépendent d'abord des chrétiens et de la façon dont ils vivent avec coeur et avec

1- *Gaudium et Spes*, n°9, §4.

foi ce sacrement indispensable. Celui qui pratique la confession fréquente rend *"l'épouse du Christ plus belle"* (cf. Ep 5, 25-27). Au coeur du monde il donne le témoignage public du choix qu'il a fait de la conversion à laquelle est appelé tout homme. Avec simplicité, il laisse déborder de son coeur ce trésor inestimable qu'est la miséricorde.

Voici que le bon chemin pour toi c'est d'accueillir l'amour de Dieu au travers de sa miséricorde. Il te faut alors quitter ton orgueil. A vrai dire, on peut sembler être très généreux et à la fois être plein de soi-même. C'est de ce "moi" qu'il te faut te libérer d'abord, pour que le Seigneur puisse déverser sa miséricorde infinie.

Tu voulais faire de grandes choses pour Dieu. Il te demande maintenant de te laisser faire d'abord par sa miséricorde.

Pour bien se confesser, il faut d'abord être dans une attitude d'écoute du Seigneur. Il n'est pas question de discuter pour faire valoir le pour et le contre. C'est pourquoi la confession est autre chose qu'un dialogue spirituel entre le prêtre et toi. Aie seulement dans le coeur les paroles des psaumes :

Sans circonstances atténuantes Seigneur,
"Ce qui est mal à tes yeux, je l'ai fait" (Ps 51, 6).
"Si tu tiens un compte rigoureux de nos iniquités,
qui pourra subsister devant toi ?" (Ps 130, 3).

Pour bien te confesser il te faut voir ton péché. Et pour le voir, il est nécessaire de quitter ton orgueil. L'orgueil est le péché principal qui empêche d'aller se confesser, ou bien, si l'on y va, qui empêche d'accueillir toute la miséricorde divine qui vient nous transformer.

Dès l'instant où tu penses aller te confesser, fais un acte d'humilité : "Oui c'est vrai, j'en ai grand besoin, ce dernier mois, ces derniers jours, j'ai été infect avec le Seigneur. Et pourtant, lui ne m'a témoigné que de l'amour !" Et je l'entends déjà me dire : "Ce n'est pas toi qui m'a fait tant de mal mais ton péché lui-même, car je n'avais pas cessé de t'aimer."

4- ME LAISSER AIMER À PARTIR DE MA MISÈRE

"On ne peut pas comprendre la bonté que Dieu a eue pour nous d'instituer ce grand sacrement de pénitence"[1] , dit le curé d'Ars. Puisque nous ne pouvons pas comprendre, alors laissons-le faire. Accueillir la miséricorde, c'est laisser Dieu nous aimer comme il le désire.

Entre hommes, il nous est très difficile d'aimer les coeurs

1- B. Nodet : *Jean-Marie Vianney, Curé d'Ars*, Ed. X. Mappus, p. 13.

blessés par le péché, car nous y voyons nos propres blessures, ou encore celles que nous repoussons. Le Seigneur, lui, n'a aucune difficulté à nous aimer malgré notre indignité. Il nous aime dans l'absolu puisque nous n'avons aucun mérite à lui présenter. Dans le plateau de la balance, Il a décidé de mettre tous les trésors de son amour purement gratuit et nous n'avons rien à mettre dans l'autre plateau, sinon nos misères. Et il n'est facile pour personne de l'accepter. C'est d'abord là que notre orgueil doit être vaincu. Nous en sommes toujours étonnés et pourtant l'Evangile nous l'enseigne : Jésus est venu pour les malades et les pécheurs, et pas pour les bien-portants. Il attend de nous seulement ce coeur de désir : *"Il a comblé de bien les affamés et renvoyé les riches les mains vides"* (Lc 1, 53).

L'homme qui ne se met pas sous le regard de Dieu va essayer de justifier sa maladie et son incapacité d'aimer, pour se rassurer. En vain, les traités et discours les plus savants tentent de le persuader qu'il doit se contenter d'une vie ou d'un amour au rabais.

Reconnaître la vérité de ma misère

Jésus, lui, est venu pour faire la vérité, pardonner et guérir. Vivoter ou végéter, être anémié, anesthésié ou paralysé n'est pas une situation normale, parce qu'elle ne reflète pas la vie qui est en Dieu : *"Moi, je suis venu pour qu'on ait la vie et qu'on l'ait en abondance"* (Jn 10, 10). Ici nous avons un pas à faire et Jésus nous y invite : *"Si quelqu'un a soif, qu'il vienne à moi et qu'il boive. Celui qui croit en moi.., de son sein couleront des fleuves d'eau vive"* (Jn 7, 37-38). En renonçant à notre orgueil nous pouvons croire en la vie que Dieu donne et redonne. Le pas dans la foi qui nous est demandé est bien peu de chose par rapport à la manière dont le Seigneur va combler nos vies. La pécheresse aimante fait une démarche : elle s'invite elle-même chez Simon pour aller avec hardiesse jusqu'à toucher les pieds de Jésus (cf. Lc 7, 36). Au moment de mourir sur la croix, le brigand osa espérer le Royaume et devint le "bon larron".

Dans le sacrement de réconciliation, à partir de sa misère, chacun fait avec Jésus son Sauveur la rencontre du fils prodigue : *"J'irai vers mon Père et je lui dirai..., Père, j'ai péché"* (Lc 15, 18). Comme tous ceux que Jésus a relevés de leur misère, nous avons besoin de nous entendre dire personnellement : *"Ta foi t'a sauvé"* (Lc 17, 19). Sainte Thérèse de l'Enfant-Jésus a fait cet acte de foi qui l'a conduite à se laisser aimer par Jésus, à partir de sa pauvreté :

> "Comprenez que pour aimer Jésus, être la victime d'amour, plus on est faible, sans désirs, sans vertus, plus on est propre aux opérations de cet amour consumant et transformant..."[1]
>
> Et encore :
>
> "C'est ma faiblesse même qui me donne l'audace de m'offrir..."[2]

La confiance de Thérèse en Jésus est absolue. Cette rencontre avec Jésus est profondément personnelle. C'est pourquoi notre Pape a voulu préciser l'importance du sacrement de réconciliation reçu personnellement et la nécessité de le

1- Lettre de sainte Thérèse, p. 197.
2- Manuscrits Autobiographiques, p. 227.

pratiquer de cette façon. Suite au synode romain des évêques du monde entier, il nous donnait en 1984 l'exhortation apostolique : *La réconciliation et la pénitence dans la mission de l'Eglise aujourd'hui* et précisait les formes du sacrement :

> "La première forme - réconciliation individuelle des pénitents - constitue l'unique manière normale et ordinaire de célébrer ce sacrement, et on ne peut ni ne doit la laisser tomber en désuétude ou la négliger. La deuxième - réconciliation de plusieurs pénitents avec confession et absolution individuelles - même si dans sa préparation elle permet de souligner davantage les aspects communautaires du sacrement, rejoint la première forme dans l'acte culminant du sacrement, à savoir la confession et l'absolution individuelles des péchés, et par conséquent elle peut être assimilée à la première forme en ce qui concerne la normalité du rite. Par contre, la troisième - réconciliation de plusieurs pénitents avec confession et absolution générales - revêt un caractère d'exception elle n'est donc pas laissée au libre choix, mais elle est réglementée par une discipline spéciale."[1]

Passer par l'aveu qui libère

Dans ce sacrement d'amour, Jésus n'a-t-il pas une approche toute originale pour chacun de nous, et en retour n'avons-nous pas une façon toute particulière de nous laisser aimer par

---

1- Jean-Paul II, exhortation apostolique : *La réconciliation et la pénitence*, n° 32, 1984.

le Père et par là de répondre à son amour ? Et pour cela n'avons-nous pas besoin de nous entendre dire par le prêtre de Jésus-Christ : "Je te pardonne tous tes péchés"...Certainement, oui.

Il n'y a rien de légaliste dans le sacrement du pardon. Mais l'amour s'échange entre notre Dieu qui est miséricorde et nous-mêmes, pauvres pécheurs "repentants" et encore "retombants". Et c'est là que s'opère notre **croissance spirituelle**, comme nous le dit Jean-Paul II :

> "*Vivant selon la vérité et dans la charité nous grandirons de toutes manières vers Celui qui est la Tête, le Christ*" (Ep 4, 15). Dans le plan de Dieu, le sacrement de pénitence constitue un moyen particulièrement efficace dans cet effort de croissance spirituelle dont nous parle l'apôtre Paul. Par disposition divine, il est - au moins dans le désir sincère de la recevoir - un moyen indispensable pour le fidèle qui, tombé dans un péché grave, veut retourner dans la vie de Dieu. Toutefois, l'Eglise interprétant la volonté du Christ a toujours, tout au long des siècles, exhorté les fidèles à s'approcher fréquemment de ce sacrement, pour que soient pardonnés également les péchés seulement véniels... Et ainsi, pour mon prédécesseur Paul VI, 'la confession fréquente reste une source privilégiée de sainteté, de paix et de joie'.
> Certes, la rémission des péchés véniels peut advenir également par d'autres moyens, sacramentels ou non... A la lumière de ces considérations, on comprend qu'il est souverainement important que ces péchés soient pardonnés également au moyen du sacrement de pénitence. La confession de ces fautes en vue du pardon

sacramentel aide en effet énormément à prendre conscience de sa propre condition de pécheur devant Dieu et à s'amender ; elle incite à redécouvrir de manière toute personnelle la fonction médiatrice de l'Eglise qui agit comme instrument du Christ pour notre rédemption."[1]

Celui qui se laisse aimer avec coeur par le Seigneur ne manquera pas de pratiquer la confession fréquente. Il n'attachera pas son attention d'abord à "calibrer" l'importance de son péché, mais à vérifier avec quelle ferveur il s'approche de son Seigneur pour en attendre le pardon. A l'inverse, mesurer l'importance relative de son péché et calculer comment éviter d'aller se confesser, c'est souvent se relâcher dans la repentance et entrer dans la tiédeur. Il vaut mieux d'abord se souvenir que tout péché quelle que soit son importance blesse le coeur de Dieu.

"Vois : mauvais je suis né, pécheur, ma mère m'a conçu" (Ps 51, 7). Ma misère est profonde : la parole de Dieu me l'enseigne, et je le constate dans la pratique de tous les jours. Je mesure l'abîme de ma misère. Mais une chose me rassure : l'abîme encore plus grand de l'amour de Dieu, au sein duquel je suis appelé à me plonger, est là pour m'accueillir. Celui-ci est insondable et c'est en m'y perdant que je retrouve la vie. "Nous avons été ensevelis avec lui par le baptême dans la mort, afin que

1- Audience générale, 11 avril 1984.

comme le Christ est ressuscité des morts par la gloire du Père, nous vivions aussi dans une vie nouvelle" (Rm 6, 4).

Aller te confesser, c'est quitter ta misère, par ce chemin infaillible, qui est de te laisser aimer par le Seigneur tel que tu es. Alors tu n'auras plus peur de dévoiler ton péché, de le dire à un prêtre en toute franchise, et sans crainte de ce qu'il pourrait penser de toi. Il verra que tu es vraiment un pécheur. Oui mais il le verra avec le regard de Jésus. Pour y parvenir, il faut que tu donnes ta peur d'être jugé par lui ou de perdre son estime. Autrement dit, il faut que tu penses de lui, comme du Seigneur, qu'il attend ta confiance absolue, et que pour cela tu lui avoues tout, complètement tout. C'est alors que tu quittes ce regard sur toi-même, prison de l'homme qui essaie encore de se sauver lui-même.

Relis l'acte d'abandon à la miséricorde divine des saints qui t'ont précédé et écris également le tien. N'avoir que des pensées d'abandon ne suffit pas. Il faut le dire ou l'écrire, à la façon absolue dont une déclaration d'amour et de fidélité se dit à haute voix pour que l'être aimé ait la joie profonde qu'apporte la certitude. De plus, il y aura la force d'un contrat qui donne de tenir dans la fidélité.

C'est dans cet abandon que se fait une bonne confession des péchés. Tu pourras alors pratiquer la confession fréquente, non plus d'abord parce que l'Eglise le demande, mais parce que le coeur de Jésus est là qui te presse et qui t'attend.

5- PARDONNE-MOI, COMME J'AI PARDONNÉ À MON FRÈRE

Assez souvent, le pécheur n'arrive pas à voir dans la confession un rendez-vous d'amour avec le Seigneur. La compassion de Jésus lui fera l'impression de n'être qu'un mot et il avouera même parfois à son confesseur que son coeur semble fermé à l'accueil de la miséricorde divine. Au moment de l'aveu, le voici qui répond à l'invitation de se laisser aimer mais il constate un barrage, un blocage au fond de lui-même qui entoure sa personne et qui l'empêche de s'abandonner à Dieu. Le fait de reconnaître cette fermeture sur soi est déjà un grand don que Dieu lui fait et qui prépare les suivants. Très vite, ce sera le désir de sortir de l'impasse que le Seigneur exauce : *"Le désir des humbles, tu l'écoutes Seigneur, tu affermis leur coeur"* (Ps 10, 17).

Se pardonner entre frères

La Parole de Dieu nous enseigne bien d'où vient cette épreuve de la fermeture du coeur chez le croyant qui désirait cependant se laisser visiter par la miséricorde divine. L'obstacle principal nous est indiqué par Jésus lui-même dans le "Notre Père" : *"Pardonne-nous nos offenses comme nous pardonnons à ceux qui nous ont offensés."* Il faut d'abord réaliser ce pardon qui n'a pas été accordé au prochain, et le Seigneur pourra ensuite nous pardonner.

La clef se trouve aussi dans la Béatitude : *"Heureux les miséricordieux, car ils obtiendront miséricorde"* (Mt 5, 7). Il faut demander d'avoir d'abord un coeur de miséricorde pour ne pas être le débiteur impitoyable de l'Evangile, puni à cause de la petite dette qu'il avait refusé de remettre à son compagnon, alors que le maître lui en avait remis une énorme (cf. Mt 18, 23-35).

D'autre part, l'apôtre Paul dira : *"Le Seigneur vous a pardonné, faites de même à votre tour"* (Col 3, 13). En retour, il est vrai aussi que celui qui a été touché par le pardon du Seigneur voit son coeur s'ouvrir envers son prochain pour lui accorder le pardon. Et saint Jean nous prévient : *"Celui qui prétend être dans la lumière tout en haïssant son frère est encore dans les ténèbres"* (1 Jn 2, 9).

Quelquefois il y aura un pardon à donner qui semblait enterré dans le passé, mais qui par la grâce de Dieu revient en surface. Le prêtre invitera alors le pénitent à accorder ce pardon à son frère, au coeur de la confession. Plus tard, avec discernement, celui-ci pourra exprimer à son frère ce pardon accordé. C'est la charité qui devra alors le guider et non pas une obligation que sa conscience lui aurait dictée.

Pardonner, ce n'est pas essayer de faire comme si l'offense n'avait jamais existé, en essayant de gommer de sa mémoire un mauvais souvenir. C'est accueillir le don du Seigneur de ne plus y penser. Au cas où le souvenir revient, il faut demander à Dieu de ne plus être blessé par ce souvenir dans la pensée, sous peine de quoi l'amertume pourrait revenir dans le coeur. Pardonner, ce n'est pas non plus approuver le mal qui nous a été fait, mais c'est être indulgent envers celui qui nous a blessé et, s'il le faut..., avec la grâce de Dieu, accorder ce pardon soixante-dix fois sept fois.

Pardonner vraiment et complètement, ce sera aussi accepter d'oublier le tort causé, en demandant à Dieu la grâce d'éviter la méfiance à l'égard de celui qui nous a touché ou offensé. Par cette prière, on évitera l'écueil de mal pardonner, en pensant parfois : "Je pardonne, mais je n'oublie pas !"

Mais la source du pardon est en Dieu

Il ne faut pas confondre faire la vérité dans la transparence et se soulager d'un fardeau qu'on portait sur le coeur. D'ailleurs, l'essentiel sera toujours la grâce de la miséricorde qui est le fruit de l'absolution, et non pas de nos "oeuvres de justice".

La grâce coule à flots du sacrement et ne saurait être soumise à une démarche personnelle de notre part. Le pardon de Dieu sera toujours gratuit.

> *"Dieu notre sauveur... ne s'est pas occupé des oeuvres de justice que nous avions pu accomplir, mais poussé par sa miséricorde il nous a sauvé..."* (Tt 3, 4-5).

Cependant, ce sacrement contient un enseignement très précis sur l'amour fraternel. Et nul homme sur cette terre ne peut en faire l'impasse. Faute de vivre ce pardon entre frères, de le demander et de l'accorder, certains chrétiens font écran à la miséricorde divine. Et cette situation est très grave, en famille, entre ethnies opposées, entre races différentes. Au contraire, c'est en venant à la miséricorde divine que nous découvrons la nécessité de pardonner à nos frères. Ce faisant nous pratiquons l'amour fraternel en vérité. Dieu est la source de tout amour véritable.

Garder rancune à quelqu'un, c'est se priver de la bénédiction divine. De fait tout homme n'a qu'un coeur et il ne saurait le partager en deux sous peine de le voir déchiré et d'en mourir. L'unité du coeur repose sur cette double miséricorde.

La cinquième demande du Notre Père : *"pardonne-nous nos offenses"*, comme la cinquième Béatitude en saint Matthieu : *"heureux les miséricordieux"*, nous interpellent. Quelle grâce d'écouter avec coeur la Parole de Dieu qui nous donne le bon chemin de l'amour et de sa mise en pratique !

Il n'y a rien de magique dans les dons de Dieu. Pour les recevoir, il nous est demandé notre bonne volonté et l'ouverture de notre coeur : *"Ne m'abandonne pas Seigneur mon Dieu, ne sois pas loin de moi ; vite, viens à mon aide, Seigneur mon salut"* (Ps 38, 22-23). Et c'est ainsi que la miséricorde divine se communique de l'un à l'autre : le pardon que j'ai accordé à mon frère va toucher son coeur. A son tour, il pardonnera à un autre. C'est une réaction en chaîne de miséricorde et donc d'amour, qui par là envahit notre terre. Mais tout avait commencé à partir d'un baptisé qui voulait recevoir le sacrement de réconciliation et à qui le Seigneur donnait une condition : pardonne-toi d'abord et pardonne à tes frères, je t'en donne le coeur et la grâce.

Avec la demande du Notre Père mis en pratique, les bonnes confessions des chrétiens répandus sur la terre sont, de fait, le ferment le plus certain et le plus efficacc de l'entente entre les hommes pour bâtir le monde. Mais comment sc fait-il qu'à côté de discours innombrables sur les conditions de la paix entre les hommes, les chrétiens ne proclament pas la solution donnée par Jésus... A nous donc d'abord de pratiquer fidèlement ce pardon accordé à nos frères et demandé à Dieu. Ensuite nous pourrons en parler, et le monde se convertira.

Mais, finalement, il faut bien s'en souvenir : on ne va pas se confesser pour devenir davantage frère mais pour recueillir toutes grâces qui nous viennent du "Père des miséricordes" (2 Co 1, 3). Dans toute recherche de fraternité ou de communauté que nous n'oubliions ici jamais la source de tout amour vrai qui est au coeur du Père.

Comme tu le vois, pour faire une bonne confession, il faut avoir le coeur "bon". Il faudrait qu'il soit bon comme est "bon" le Bon Dieu. Ainsi, celui qui décide de se confesser a déjà commencé à ouvrir son coeur. Et le sacrement fait le reste. Celui qui n'a pas encore pardonné à son frère n'a pas vraiment ce coeur de miséricorde. Il le lui faut d'abord. C'est indispensable. Sois-en convaincu.

Toi qui a encore des rancoeurs ou même de la rancune contre une ou plusieurs personnes, et si cela dure depuis assez longtemps, ne désespère pas de ton cas. Jésus a déjà vu ta bonne volonté. Alors dans la confession, n'oublie pas de l'avouer au prêtre. Il te conseillera. Il demandera à Jésus de te libérer de ce poids d'amertume et de te guérir de ta blessure profonde.

Peut-être te recommandera-t-il cette prière toute simple et humble qui laissera passer le Seigneur devant toi : "Seigneur, la part du pardon que je n'arrive pas encore à donner, viens la mettre dans mon coeur."

Après avoir complètement pardonné dans ton coeur à cette personne, tu écouteras le prêtre qui verra avec toi où, quand et comment demander pardon à cette personne en lui exprimant le regret de ta rancune. Mais l'essentiel est que ton coeur soit ouvert à ton prochain, en toute loyauté, dans une bonne disposition intérieure pour que tous tes péchés soient pardonnés dans l'absolution qui suit. Le prêtre priera tout particulièrement pour toi, si la personne envers laquelle tu avais de la rancune est déjà dans l'éternité. Et c'est Jésus lui-même qui apaisera ton coeur, puisque tu ne peux t'entendre répondre de la part de cette personne décédée que tu avais offensée : "Je te pardonne."

Ce faisant, le sacrement reçu construit peu à peu la communauté, la fraternité, ou la paroisse. Souvent tu pourras mesurer les trésors de grâces accordés à chaque frère en particulier et qui s'étendent à toute la communauté.

Quelle somme de grâces reçues ! Mais tout n'avait-il pas commencé par une bonne confession ?

CHAPITRE II

La puissance de la grâce de Dieu

"Le connaître, Lui,
avec la puissance de sa résurrection"
(Ph 3, 10)

CHAPITRE II

1- D'abord, voir clair
2- Le coeur touché, je regrette mon péché
3- Dans l'aveu Dieu libère de la prison du péché
4- L'absolution et la pénitence
5- Libéré, le combat continue

L'homme étouffe à l'intérieur de lui-même car il a été créé pour vivre et avoir la liberté d'aller au-devant de la vie. Adam s'ouvre à la vie en contemplant en son épouse Eve le vis-à-vis que Dieu son Créateur lui a donné pour pouvoir enfin vivre : *"Pour le coup, c'est l'os de mes os et la chair de ma chair !"* (Gn 2, 23), et engendrer la vie. Adam l'appelle *"la mère des vivants"* (Gn 3, 20). Dieu qui est toute-puissance crée la vie qui va engendrer la vie.

Le Père Maximilien Kolbe respire la vie dans ce camp de concentration où sa foi au Christ l'a amené. Il ne manque pas d'élan pour s'offrir au supplice d'une mort tragique, en prenant la place d'un pauvre père de famille. C'est un homme libre et de surcroît "libéré" face à la mort qui finalement ne voudra même pas de lui : ses bourreaux devront l'achever.

L'homme a été créé libre par Dieu, et libre d'aimer. Mais suite au péché, il ne peut user de cette liberté que s'il accepte d'être "libéré". Et Dieu seul peut le faire : *"C'est pour que nous restions libres que le Christ nous a libérés"* (Ga 5, 1).

Dans la toute-puissance de sa grâce, le Christ agit en nous. Pour cela, il nous mène d'étape en étape pour en arriver à la libération du péché, qui nous rend la vie. Par l'Esprit Saint, dans un premier temps, nous sommes exposés à la lumière et la vérité. Puis, le coeur une fois touché, l'homme peut avouer son péché. Le pardon est déjà là et avec lui la libération d'où jaillit la vie. *"Nous étions morts, il nous fait revivre avec le Christ"* (Ep 2, 5).

Vivre la réconciliation, c'est tout attendre de Jésus. *"Tout est de lui et par lui et pour lui. A lui soit la gloire éternellement"* (Rm 11, 36).

1- D'ABORD, VOIR CLAIR

Plus on s'approche de la lumière, plus on voit clair pour lire dans un livre. Plus nous laissons Jésus s'approcher de nous pour nous aimer, plus nous voyons ce qui ne va pas dans notre âme ou dans notre conscience, car il **est** la lumière : *"Le verbe était la véritable lumière qui éclaire tout homme"* (Jn 1, 9). La proximité de Jésus est irrésistible : *"Amour et vérité se rencontrent"* (Ps 85, 11). Il est l'amour, Il est *"la vérité"* (Jn 14, 6).

Accueillir la lumière

Le prêtre doit inviter les fidèles à davantage d'amour de Dieu et des frères. Mais il ne peut le faire sans d'abord les inviter à la vérité. La grande qualité qui est demandée à un prêtre, c'est certainement la discrétion. Celle-ci doit toujours accompagner l'écoute et le respect absolu du baptisé qui se confie. Cependant, avec délicatesse et discernement, il devra l'inviter à faire la lumière dans sa vie.

> Témoin ce jeune homme qui revenait d'un autre continent et y avait rencontré des pauvres. Une revue lui ayant proposé une retraite, il y vint se reposer, écouter la Parole de Dieu, rencontrer des frères. Ceux-ci lui conseillent d'aller voir le prêtre prédicateur. Au bout de quelques minutes ce dernier lui dit : Et si tu te confessais ?
> Et voici le témoignage du jeune homme : "La vérité m'arrive en plein coeur, ce dont j'avais besoin... Je regarde vers la porte pour me sauver, je baisse la tête... Mais Jésus m'avait parlé. Je regarde vers le prêtre, j'accepte. Ce fut le virage de ma vie. J'avais accepté la lumière et la vérité. Tout devenait possible. Je quittai mon indépendance et décidai de compter sur Dieu, d'avoir besoin de Lui."

C'était il y a huit ans. Le Seigneur continua facilement ce beau chemin de lumière dans son coeur. Pour cela Il l'appela à tout lui donner. Maintenant c'est chose faite : après l'engagement des trois voeux dans un ordre religieux, il est envoyé comme missionnaire en Asie. Il va y trouver des milliers de pauvres à aimer, mais cette fois avec le coeur de Jésus. Pour éclairer son avenir, tout avait commencé par une bonne confession.

Sortir de l'aveuglement...

Jésus dit aussi : *"Celui qui fait la vérité vient à la lumière"* (Jn 3, 21). Or, trop souvent l'homme, même de bonne volonté, vit dans un grand aveuglement : il ne connaît pas son péché. Et au cas où il le pressent, ou si on le lui dévoile, il ne veut pas toujours le reconnaître.

Pour quel motif un homme très intelligent dans beaucoup d'autres domaines, se ferme-t-il à la connaissance de lui-même ? Il semble bien qu'une logique interne l'amène à cette fermeture instinctive. En effet, que ce soit consciemment ou inconsciemment, l'homme laissé à lui-même devine que s'il reconnaît les causes profondes de son péché, le vertige va le saisir, peut-être même le désespoir le faire sombrer. C'est compréhensible s'il ne connaît pas Jésus, le Sauveur, ou si, par principe, il le refuse. Ou encore si, tout en étant chrétien, il ne croit pas vraiment à la parole de Jésus lui-même : *"hors de moi vous ne pouvez rien faire"* (Jn 15, 5).

Pour plaire à Dieu (ou encore avancer spirituellement), la première grâce que nous ayons à demander c'est que tout aveuglement tombe et particulièrement celui de ne pas pouvoir reconnaître notre péché. Pensons à ce que nous dit l'apôtre Jean : *"Si nous disons que nous n'avons pas péché, nous faisons de Dieu un menteur"* (1 Jn 1, 10).

Dieu lui-même vient à notre secours : c'est une grâce qu'Il nous donne de mettre un frère sur notre route. Celui-ci nous dévoilera le piège dû à notre aveuglement. Piège d'autant plus pernicieux qu'à côté de cela nous pouvons continuer à accomplir de bonnes oeuvres pour le Seigneur.

C'est le cas de David auquel le Seigneur envoie Nathân pour lui révéler son adultère, sous la forme pédagogique de la parabole du riche qui vole la petite brebis du pauvre (cf. 2 S 12). David se juge lui-même sans le voir, en condamnant le riche, mais le prophète lui dit : "Cet homme, c'est toi !" Et David répond alors à Nathân : "J'ai péché contre Dieu !" L'aveuglement tombe d'un seul coup. Nous connaissons la prière de David, ce psaume de repentance par excellence : *"Ce qui est mal à tes yeux, je l'ai fait"* (Ps 51, 6).

Il est frappant de constater que celui qui sort de **l'aveuglement** débouche dans une lumière qui éclaire alors toute sa vie, y compris parfois son avenir.

Le Curé d'Ars aimait dire : "Il faut d'abord mettre ordre à votre conscience, vous mettrez ensuite plus facilement ordre à vos affaires." C'était une réflexion de bon sens traduisant aussi une véritable expérience spirituelle : *"Jadis vous étiez ténèbres, maintenant vous êtes lumière"* (Ep 5, 8). De fait c'est alors une rencontre d'une grande profondeur : *"Ils regarderont vers celui qu'ils ont transpercé"*, nous dit saint Jean dans son récit de la Passion, en citant Zacharie (Jn 19, 37). A chaque confession nous sommes invités à cette contemplation. C'est ainsi que le Curé d'Ars aimait dire : "Quand on va se confesser, il faut comprendre ce qu'on va faire, on peut dire qu'on va déclouer Notre Seigneur."

Le péché nous entraîne à nous cacher de Dieu, comme Adam : *Dieu appela l'homme : "Où es-tu ?" dit-il - "J'ai entendu ton pas dans le jardin, j'ai eu peur"* (Gn 3, 9-10). Et le péché nous fait nous cacher des hommes comme Caïn : *"Je devrai me cacher loin de ta face et le premier venu me tuera"* (Gn 4, 14).

Et pourtant, ce regard de Dieu n'est que miséricorde, qui laisse la vie à Adam et protège celle de Caïn : *"Si quelqu'un tue Caïn, on le vengera sept fois"* (Gn 4, 15). Nous oublions que le regard de Dieu est tout autre que celui de l'homme qui analyse, juge, accuse et condamne son semblable. Il ne le fait pas toujours méchamment mais souvent pour se défendre, et toujours en faisant mal. Que d'aveuglement là aussi !

Dès que la lumière est là, l'aveuglement est vaincu, le péché dévoilé. Aussitôt l'assurance de la miséricorde invite l'homme à reconnaître sa faute.

Quel moyen prendre pour sortir de nos aveuglements ? Lorsque nous ressentons ce besoin de voir clair en nous-mêmes, il faut invoquer l'Esprit Saint. Le saint curé d'Ars a cette phrase simple mais qui se vérifie toujours : "Avec le Saint-Esprit, on voit tout en grand, on voit la grandeur des moindres actions faites pour Dieu, et la grandeur des moindres fautes." Certains ignorent tout de ce que peut être un péché. C'est là qu'il est bon de relire les commandements ou encore la liste des sept péchés capitaux, cela aide à voir clair.

Combien de pénitents désirent vraiment faire une bonne confession et ne voient pas leur péché ! Cela arrive souvent à ceux qui ne se sont pas confessés depuis plusieurs années, ou encore à ceux qui ne se confessent qu'une fois par an, parfois aussi à d'autres.

Le grand remède, c'est alors d'invoquer l'Esprit Saint, de s'adresser à lui avec confiance. Jésus nous dit : *"Rien en effet n'est voilé qui ne sera révélé"* (Mt 10, 26). Il est l'Esprit de

Vérité, et l'exaucement attendu ne tarde pas à venir. Un autre remède sera d'aller devant le Saint-Sacrement exposé et s'y exposer soi-même en retour. Contempler, attendre, bénir le Seigneur pour sa miséricorde et sa fidélité, dans l'absolu, sans d'abord penser à soi. Quitter alors ce mouvement d'introspection qui analyse pour laisser le Seigneur lui-même venir nous visiter.

...et de la tiédeur

L'un des plus grands aveuglements est bien la tiédeur non avouée (à soi-même d'abord) et qui laisse le chrétien dans l'illusion la plus grande, et empêche Dieu lui-même de toucher le coeur du pécheur.

Le saint curé d'Ars dépiste ainsi le mensonge :

> "Une âme qui vit dans la tiédeur ne pense nullement à en sortir, parce qu'elle croit qu'elle est bien avec le Bon Dieu."
> Et il ose ajouter cette parole : "Un grand pécheur se convertira plutôt qu'une personne tiède."[1]

Ce qui nous aveugle, c'est une "certaine" bonne volonté :

> "Nous voulons bien aller au ciel, mais avec toutes nos aises, sans nous gêner de rien."[2]
> "Vous dites que vous aimez Dieu ? Dites plutôt que vous vous aimez vous-mêmes !"[3]

1- B. Nodet, *Pensées du curé d'Ars*, p. 170.
2- ibid., p. 168.
3- ibid., p. 165.

Est-ce que nous aimons vraiment le Seigneur ? Voilà la bonne question qui met de la lumière dans une vie voulant appartenir à Dieu. Le saint curé nous dit bien que l'amour est tout. "Quand vous n'avez pas l'amour de Dieu, vous êtes bien pauvres. Vous êtes comme un arbre sans fleurs et sans fruits."[1]

Mais voir clair, c'est mesurer la gravité de son péché, d'où l'enseignement de l'Eglise sur le degré de nos fautes. Le catéchisme pour adultes des évêques de France donne un bon résumé sur la façon d'apprécier l'importance des péchés que nous pouvons commettre, sous le titre "Il y a péché et péché" :

> "Tous les péchés offensent Dieu mais certains ne remettent pas fondamentalement en cause l'orientation d'une vie ouverte à Dieu et aux autres. On parle alors de **péchés véniels**. Ceux-ci ne sont pourtant pas innocents : ils peuvent blesser l'homme et la communauté humaine.
> D'autres péchés s'opposent en eux-mêmes gravement au bien de l'homme. On parle alors de **matière grave**. Quand, dans de tels actes, l'homme ne s'engage pas totalement, par manque de liberté vraie et de connaissance, ses péchés demeurent alors véniels.
> D'autres péchés traduisent un engagement conscient et voulu en matière grave. Ils sont alors considérés par l'Eglise comme des **péchés mortels**, car ils conduisent effectivement à la mort de la relation entre l'homme et le Dieu de Vie, fondement de toutes les autres relations de l'homme

---

1- B. Nodet, "Pensées du curé d'Ars", p. 165 à 170.

Jérémie traduit bien cette folie mortelle de l'homme qui se coupe de ses sources : *"Ils m'ont abandonné, moi, la source d'eau vive, et ils se sont creusé des citernes : des citernes fissurées, qui ne retiennent pas l'eau !"* (Jr 2, 13).
Le péché revêt souvent aussi une dimension sociale, de bien des façons. Mais ces cas de **péché social** sont le fruit, l'accumulation et la concentration de nombreux péchés personnels."[1]

Il est bon certainement de distinguer ces péchés les uns des autres pour mieux les reconnaître (péchés véniel, mortel ou social), mais certainement pas pour tomber dans le laxisme qui pourrait nous autoriser à commettre l'un ou l'autre à cause de sa "légèreté". Par exemple il y a des péchés "graves", mais les péchés véniels ne sont pas pour cela "légers". Toute faute de notre part pèse très lourd sur le coeur de Dieu. Dans tous les cas c'est un manquement à l'amour. Pour qui aime vraiment le Seigneur, toute faute est insupportable. Et c'est bien là où nous mesurons combien tout homme a un coeur de pierre. Pour parler plus concrètement, chacun est obligé d'avouer : "C'est là où je touche du doigt ma façon de savoir si peu aimer."

Ajoutons encore que l'Eglise catholique n'a aucun enseignement "légaliste". Et c'est en ce sens qu'elle nous enseigne la portée de la "contrition parfaite" qui obtient le pardon, mais qui n'enlève rien à la nécessité de recevoir le sacrement :

1- *Catéchisme des évêques de France,* n° 536.

"Quand elle provient de l'amour de Dieu aimé plus que tout, la contrition est appelée **parfaite** (contrition de charité). Une telle contrition remet les fautes vénielles; elle obtient aussi le pardon des péchés mortels, si elle comporte la ferme résolution de recourir dès que possible à la confession sacramentelle."[1]

Il peut y avoir parfois un aveuglement dans nos vies, qui fait barrage sur tout le reste de notre relation à Dieu et à nos frères. Cela pourrait être ton cas. Alors fais une prière très simple au Seigneur :
"Je te le demande de tout coeur, s'il y a un aveuglement dans ma vie, ne tarde pas à me le montrer, je le désire vraiment." Le Seigneur aime exaucer cette prière car il désire toujours libérer nos coeurs et nos mémoires pour que nous puissions l'aimer encore davantage.

Parfois ce sont nos peurs qui nous empêchent de voir nos péchés. Dans ce cas il te sera bon de dire au Seigneur : "Je te donne mes peurs... Je suis certain que tu ne me condamneras pas."

Certains ont pu participer à des sessions où l'on essaie de déculpabiliser celui qui est complexé, en lui faisant croire qu'il n'a jamais rien fait de mal. C'est mensonger et donc à rejeter radicalement.

1- *Catéchisme de l'Eglise catholique*, 1992, n° 1452.

Certains ont pratiqué des méthodes qui "trafiquent le mental" (méditation transcendantale, etc.). Des zones de la mémoire sont alors atteintes. Certaines techniques de concentration et de déconcentration enlèvent la faculté de penser et ne laissent place à aucune surprise de l'Esprit Saint. Dans ces derniers cas où la conscience et l'esprit ont été atteints, il faut demander une prière de libération pour retrouver la liberté de penser et de se voir tel que l'on est.

Pour ta part, si après avoir pratiqué des méthodes douteuses tu perçois que ton esprit en a été troublé, il faut t'en ouvrir d'abord à ton accompagnateur spirituel mais aussi chanter de bon coeur ce psaume qui t'apaisera : "Sonde-moi ô Dieu, connais mon coeur, scrute-moi, connais mon souci ; vois que mon chemin ne soit fatal, conduis-moi sur le chemin d'éternité" (Ps 139, 23-24).

2- LE COEUR TOUCHÉ, JE REGRETTE MON PÉCHÉ

Pour avoir le coeur touché, il est d'abord nécessaire d'avoir conscience de son péché. *"Si nous disons : 'Nous n'avons pas de péché', nous nous abusons, la vérité n'est pas en nous"* (1 Jn 1, 8). Il semble bien que la chose ne soit pas acquise à l'avance, contrairement à ce qu'on pourrait imaginer. De plus, il faut être bien convaincu de la nécessité de choisir son camp : *"Celui qui commet le péché est du diable, car le diable est pécheur dès l'origine... Quiconque est né de Dieu ne commet pas le péché... Il ne peut pécher, étant né de Dieu"* (1 Jn 3, 8-9).

Qui a le sens de Dieu voit son péché

Pour avoir le sens du péché, il faut d'abord avoir le sens de Dieu. Des chrétiens qui ont la foi peuvent avoir perdu le sens du péché. Le péché se trouve d'abord être une injure à Dieu, une brisure de communion avec Lui, avant de l'être envers le prochain que nous avons pu blesser.

Pie XII avait osé dire il y a cinquante ans : "Le péché de ce siècle est la perte du sens du péché."[1] Y a-t-il eu progrès depuis ? Ce n'est pas certain, à la mesure où dans beaucoup trop d'endroits "le bien est ce qui plaît à chacun, et le mal ce qui ne plaît pas". Dans ce cas qu'est devenue la référence à Dieu ? Quelles sont les causes de cette lacune ? Jean-Paul II nous le dit :

> - c'est le **sécularisme** : "Le sécularisme est en soi et par définition un mouvement d'idées et de moeurs qui impose un humanisme faisant totalement abstraction de Dieu... Le sens du péché se réduit tout au plus à ce qui offense l'homme";
> - c'est **la préoccupation de ne pas culpabiliser** : "En partant de quelques-unes des affirmations de la psychologie, la préoccupation de ne pas culpabiliser ou de

---

1- Pie XII, Radiomessage au congrès catéchistique national, Boston, 1946.

ne pas mettre un frein à la liberté porte à ne jamais reconnaître aucun manquement";
- c'est un **certain relativisme historique** : "On finit presque par affirmer que le péché existe mais qu'on ne sait pas qui le commet";
- c'est la **négation de la paternité de Dieu** : "Le refus de toute référence à la transcendance, au nom de l'aspiration à l'autonomie personnelle..., la tendance à ne plus voir les erreurs et les fautes que dans le domaine social."
"(...) Dans le domaine de la pensée et de la vie ecclésiale, il y a des tendances qui favorisent inévitablement le déclin du sens du péché... On prône un tel respect de la conscience qu'il supprime le devoir de dire la vérité. Et pourquoi ne pas ajouter que la confusion créée dans la conscience de nombreux fidèles par les divergences d'opinions et d'enseignements dans la théologie, dans la prédication, dans la catéchèse, dans la direction spirituelle, au sujet des questions graves et délicates de la morale chrétienne, finit par amoindrir presqu'au point de l'effacer, le véritable sens du péché."
Et le Pape de conclure : "Rétablir un juste sens du péché, c'est la première façon d'affronter la grave crise spirituelle qui pèse sur l'homme de notre temps. Mais le sens du péché ne se rétablira que par un recours clair aux principes indéniables de la raison et de la foi que la doctrine morale de l'Eglise a toujours soutenues."[1]

1- Jean-Paul II, exhortation apostolique : *Réconciliation et pénitence*, n° 18.

Il est alors possible de le regretter

Ayant reconnu son péché, l'homme peut s'en repentir. La vie spirituelle commence par cet acte d'humilité fondamental : la repentance. Regretter son péché, en avoir la contrition est essentiel pour faire une bonne confession. Mais il faut d'abord que le coeur du pécheur soit touché pour qu'il en arrive à une attitude et des sentiments de repentance. Quand le coeur est touché, il peut alors se retourner dans le bon sens c'est-à-dire vers Dieu qui avait été délaissé ou rejeté par le pécheur. C'est cela la conversion : un retournement. Suite à l'homélie de saint Pierre au matin de Pentecôte, c'est ce qui arriva aux trois mille convertis : *"D'entendre cela, ils eurent le coeur transpercé, et ils dirent à Pierre et aux apôtres : "Frères, que devons-nous faire ?" Pierre leur répondit : Repentez-vous, et que chacun de vous se fasse baptiser au nom de Jésus pour la rémission de ses péchés, et vous recevrez alors le don du Saint-Esprit"* (Ac 2, 37-38).

C'est en contemplant Jésus en croix dont le côté a été percé par le soldat que le coeur du pécheur, à son tour, est transpercé. Alors seulement, il peut regretter son péché.

Le saint curé d'Ars disait : "On dit qu'il y en a beaucoup qui se confessent et peu qui se convertissent. Je le crois bien, c'est qu'il y en a peu qui se confessent avec repentir."[1]

Et c'est la conversion

A cause de la dureté du coeur de l'homme, alors que la Parole de Dieu se fait pressante par le ministère de l'Eglise,

---

1- B. Nodet, *Pensées du curé d'Ars*, p. 136.

et que trop souvent, celle-ci n'est pas écoutée ni pratiquée, la Vierge Marie apparaît.

Nous avons alors la joie de voir un pan du voile qui nous sépare du ciel se soulever, mais c'est pour nous également un rappel à l'ordre : la Vierge Marie intervient au nom de son fils Jésus, et c'est toujours pour demander la conversion, la pénitence et la repentance, ce qui mène au sacrement de la réconciliation. Et cela de siècles en siècles. Ainsi :

- A la Salette, en 1846 :
"Si je veux que mon Fils ne vous abandonne pas, je suis chargée de prier sans cesse, et pour vous autres.., et vous n'en faites pas de cas... Faites-vous bien votre prière, mes enfants ?"

- A Lourdes :
"Baisez la terre en pénitence pour les pécheurs.., pour la conversion des pécheurs...", dit la Vierge Marie à Bernadette, le 24 février 1858.

- A Pontmain en 1870 :
"Mais priez, mes enfants. Dieu vous exaucera en peu de temps. Mon Fils se laisse toucher."

- A Pellevoisin en 1876 :
La Vierge Marie donne ce message à Estelle à qui elle est apparue : "Le coeur de mon Fils a tant d'amour pour le mien qu'il ne peut refuser mes demandes. Pour moi, il touchera les coeurs les plus endurcis."

- A Kibeho :
"Purifiez vos coeurs, car le temps est proche" (2 juillet 1982). "L'étranger, ce n'est pas celui qui vient de loin, c'est celui qui est loin de Dieu" (1983).

- A Medjugorje :
"Chers enfants, je voudrais tous vous inviter à la conversion complète, pour que la joie soit dans vos coeurs" (25 juin 1990).
"(...) si vous ne priez pas, vous ne pouvez pas dire que vous êtes en train de vous convertir" (25 juin 1992).
"Vous ne pouvez pas, petits enfants, réaliser la Paix si vous n'êtes pas en paix avec Jésus. C'est pourquoi je vous invite à la confession, afin que Jésus soit votre vérité et votre Paix" (25 janvier 1995).

De fait, le besoin de conversion n'existe pas qu'au début d'une vie chrétienne ; elle est nécessaire chaque jour de notre vie pour pouvoir grandir dans l'amour qui nous est donné. C'est en ce sens que notre désir de conversion, qui n'est jamais achevée, trouve une abondance de grâces en chacune de nos confessions.

Dans le sacrement de réconciliation chacun est appelé à cette démarche du coeur. Savoir l'origine du salut ne peut suffire, croire en Jésus sauveur est indispensable. La foi du rationaliste n'a jamais engendré la repentance. Il faut encore que le chrétien laisse Jésus lui-même toucher son coeur. Il ne s'agit pas là de sentimentalisme mais d'une relation de coeur à coeur indispensable à la rencontre de deux personnes qui veulent aller aux profondeurs de l'amour : grâce indicible du face à face de l'homme avec son Dieu et qui commence, voilée, dès cette terre. Et ce n'est pas parce qu'elle est voilée qu'elle est pour cela insensible. Combien de chrétiens se trouvent être "touchés" avant, pendant, ou après une bonne confession !

Parfois même cette façon d'être touché de façon sensible devient visible.

Ainsi l'expérience que nous avons pu en avoir un jour de grand rassemblement. L'enseignement avait été donné sur le sacrement de réconciliation par un prédicateur, seul prêtre pour quatre cents participants. Au moment du repas, deux cents personnes demandaient à se confesser. C'était chose impossible. Tout en recevant chacun, le prêtre priait pour que ce problème soit résolu. Et voici que successivement, deux pénitents tombèrent à genoux avant de pouvoir arriver auprès du prêtre. Celui-ci se leva pour aller vers eux et les relever. Quelle ne fut pas sa surprise de voir que la plupart de ceux qui attendaient étaient à genoux, la tête dans les mains, dans une attitude de repentance !

De retour chez lui, il comprit ce qui s'était passé. Quelques-uns seulement avaient pu recevoir le sacrement, mais tous avaient eu le coeur touché. Alors, peu importe s'ils n'avaient pas eu un prêtre à leur disposition sur-le-champ. Ils allaient en rencontrer un chez eux.

Finalement, par la prédication de ce prêtre, la grâce essentielle avait été donnée et reçue. Le plus difficile avait été fait. Il n'y avait plus qu'à aller au bout du chemin. La réponse du Seigneur fut pour ce prêtre une grande consolation, car sa tristesse était profonde de constater la présence de si peu d'ouvriers à la moisson. Car celle-ci était abondante !

Demander un coeur vulnérable

Jésus, seconde personne de la Sainte Trinité, attend que je veuille bien faire cette rencontre avec lui. Sa blessure rencontre alors ma blessure. Cela n'est pas de l'ordre de la raison, mais du coeur. J'accepte d'être touché. Et cela m'engage, car c'est pour la vie. L'expérience montre que nul ne peut revenir en arrière. La minute où se réalisera cette grâce est dans le secret du plan d'amour que le Seigneur a sur chacun de nous. Mais il la veut pour tous et pour chacun. Il faut savoir l'attendre. Pour celui qui sait attendre, c'est déjà à l'avance une cause de joie immense. C'est la joie intérieure que donne l'espérance. Dieu commence par bénir notre désir.

Dans sa miséricorde, Dieu peut toujours me recevoir, et cela à cause de sa fidélité immuable. En me pardonnant, Dieu est fidèle à lui-même. Ce que Dieu donne un jour, Il le donne pour toujours. Il m'a donné la vie. Si je détériore cette vie, Il n'a de cesse que j'accepte de revenir m'en remettre à sa grâce pour qu'il puisse réparer, et cela soixante-dix fois sept fois, comme il l'a demandé à Pierre (cf. Mt 18, 21).

Tout va dépendre de ma réponse à l'offre que Dieu me fait de sa miséricorde. Quelle immense responsabilité ! Mais quelle espérance aussi ! Tout devient possible, puisque nous sommes dans le domaine de l'amour gratuit. Vais-je l'accepter ?

En retour, et sans aucun mérite de notre part, dans les sacrements, c'est là où le Seigneur attend notre oui, dans la délicatesse d'un coeur aimant et reconnaissant. C'est ainsi qu'il y a un lien qui unit les deux sacrements de l'eucharistie et de la pénitence qui sont tous deux sacrement de l'amour. Nous mesurons alors l'exigence spirituelle que requiert le sacrement de réconciliation. Nombre de chrétiens pratiquants communient le dimanche. Comment peuvent-ils rester si longtemps sans le désir et le besoin de réconciliation ? N'y a-t-il pas là un aveuglement ? Pour le moins, c'est une indélicatesse ou une ingratitude. Peut-être simplement une inconscience due à l'ignorance ou une omission qui a souvent l'orgueil pour racine, ou encore la tiédeur due à l'accoutumance de communier.

Il n'est pas facile de regretter vraiment son péché. Tu as la foi, tu sais ce qu'est un péché, tu sais qu'il offense Dieu. Tu crois en Dieu, déjà tu l'aimes, et pourtant tu viens d'être ingrat envers lui, ou même parce que cela te faisait plaisir, tu viens de commettre encore ce même péché. Tu voudrais pouvoir regretter vraiment, mais il y a une barrière entre celui que tu connais et ton coeur qui reste froid devant l'événement.

Nos défenses marchent bien, trop bien. Il faut alors persévérer dans la demande de ce don de repentance ou contrition. Car c'est un don de Dieu. En la demandant, nos barrages tombent. Ensuite, c'est de l'ordre du plan d'amour mystérieux de Dieu sur nos vies. Mais un jour ce don est là . Alors, il te faudra surtout ne pas le refuser.

Souvent nous avons également ce même défaut d'avoir le coeur un peu froid devant la peine que nous avons pu faire à un frère. Dans ce cas il faudra prier sur notre passé où, le coeur blessé, nous nous sommes refermés. Ou bien, c'est le résultat d'une formation ou d'une éducation. Exemple : "Un militaire n'a pas d'états d'âme, dans son métier"; "quand on veut on peut"; "ça ne sert à rien de regretter, il ne fallait pas se tromper", "si tu pleures tu seras puni". Ce sont des mécanismes à base de volontarisme qui ont marqué notre vie. Le coeur se trouve étouffé. Qui pourra l'atteindre, lui redonner vie et le laisser être blessé de repentance par amour pour celui qui a été offensé ? - Le Seigneur lui-même. Laisse tomber tes peurs, et demande-lui un coeur vulnérable.

Si tu es dans ce cas, n'hésite pas alors à demander qu'une prière soit faite pour toi, pour être libéré. Cette contrition s'exprime de différentes façons : c'est ainsi que l'on arrive à pleurer son péché. Il n'y a là rien de sentimental. Ce ne sont pas des pleurs habituels. C'est un don de Dieu. Il y a une messe dans le Missel romain en vue d'obtenir le don de regretter ses péchés.

3- DANS L'AVEU DIEU LIBÈRE DE LA PRISON DU PÉCHÉ

Saint Augustin nous dit que l'aveu est primordial : "Le commencement des bonnes oeuvres, c'est la confession des oeuvres mauvaises. Tu fais la vérité et tu viens à la lumière."[1]

Regretter intérieurement son péché est essentiel, mais ne saurait suffire pour créer cet échange avec Dieu au cours duquel nous recevons le pardon. Il nous faut encore laisser jaillir l'aveu de nos fautes des profondeurs de notre coeur comme l'Eglise le demande dans toute confession. De fait, l'aveu libère. Et ce n'est pas un moindre mot, car le péché est pour nous une prison que nous avons fabriquée nous-mêmes, et le Seigneur seul peut nous en délivrer. Et il le fait sans retard. Aussi le curé d'Ars explique-t-il que c'est

1- saint Augustin, cf. Jn 12, 13.

sur-le-champ qu'il nous faut avouer notre chute et en demander pardon immédiatement : "Si par malheur nous succombons, il faut de suite nous relever... ne pas laisser le péché une minute dans notre coeur."[1]

Il est bien juste de dire que la plus grande prison de l'homme, c'est le péché. Ce témoignage le prouve :

> Comme prêtre, j'ai reçu la grâce d'être visiteur occasionnel de prison. C'est un don inimaginable que de découvrir dans le concret la Parole de Jésus : *"J'étais prisonnier et vous m'avez visité"* (Mt 25, 36). C'est ainsi qu'un couple de visiteurs ayant annoncé la Parole de Dieu à un prisonnier condamné à la détention à perpétuité, vit cet homme d'une cinquantaine d'années se convertir. Il attendait encore de rencontrer un prêtre. Il m'écrivit : "Vous viendrez, je serai pardonné, vous prierez pour moi et je serai délivré du mal". Ce qui fut dit fut fait. Suite à sa confession, il fit cette expérience d'être "libéré". Physiquement même, il avait changé. Il ne voulut pas me laisser partir sans me dire avec insistance : "Ne vous inquiétez plus pour moi qui ne suis pas libre, mais qui ai l'essentiel : je suis libéré. Maintenant vous allez repasser de l'autre côté de la muraille, alors dites bien aux autres qui sont libres de leurs mouvements que l'essentiel n'est pas là, qu'ils peuvent être dans l'illusion. Dites-leur bien d'aller à Jésus. Lui seul peut les libérer. Surtout qu'ils ne restent pas prisonniers d'eux-mêmes."
>
> Après de longues années de détention, à cause de sa bonne conduite, il sortait de prison. Quand il est venu me rendre visite, nous nous sommes embrassés. On se demandait ce qui nous arrivait. Le secret qui nous liait d'une amitié si profonde, c'était Jésus lui-même. J'avais vu en chair et en os un frère que Jésus sauvait. L'amour fraternel de ses visiteurs avait touché son coeur et il avait déjà regretté les péchés de

---

1- B. Nodet, p.136.

sa vie passée. Mais à cette conversion il fallait encore apposer le sceau du sacrement. Ainsi tout y était.
Récemment, je l'ai retrouvé. Dans une grande et belle maison qui lui a été donnée par la charité d'un diocèse, il reçoit les plus pauvres que lui. Il croit tellement que Jésus va les sauver tous... Et il voit juste.

Tout au long de l'Evangile, par son enseignement et ses miracles, Jésus libère. Il est venu pour cela : *"L'Esprit du Seigneur est sur moi, car il m'a oint pour annoncer aux captifs la libération et aux prisonniers la délivrance"* (Is 61, 1), annonce le prophète en parlant du Messie. Le prêtre reçoit cette onction le jour de son ordination sacerdotale, pour libérer les captifs du péché.

Décider de sortir de sa prison

L'homme peut être conscient de sa prison, mais sans décider d'en sortir. "L'habitude est une seconde nature", dit-on. C'est bien le cas parfois du péché ; on l'appelle "péché d'habitude". Mais le Seigneur nous libère de nos esclavages : c'est là une des grâces contenues dans le sacrement de réconciliation. Le Seigneur a voulu donner ce ministère au prêtre. Par cette onction reçue, le prêtre n'a pas seulement le pouvoir d'absoudre les péchés, mais de "libérer les captifs". Pour cela il fera une prière de libération au nom de Jésus dont il tient la place dans ce grand sacrement. Ainsi s'accomplit la parole du Psaume :

> *"Tu es pour moi un refuge,*
> *de l'angoisse tu me gardes,*
> *de chants de délivrance tu m'entoures"* (Ps 32, 7).

N'oublions pas que la grâce de libération intérieure qui engendre la libération de tout l'être passe nécessairement par l'aveu : *"Je veux partir, aller vers mon Père et lui dire : Père, j'ai péché contre le ciel et envers toi..."* (Lc 15, 18).

L'aveu est irremplaçable. Cela est confirmé par saint Paul : *"Car la foi du coeur obtient la justice, et la confession des lèvres, le salut"* (Rm 10, 10). C'est pourquoi il sera demandé que les époux, tout en ayant entre eux la transparence la plus complète, reçoivent toujours le sacrement séparément, même à la suite d'un bon échange loyal et confiant du couple avec le prêtre. En effet le couple vit dans la communion et non pas dans la fusion qui ferait de leurs deux personnes une seule. Chacun garde sa responsabilité, donc sa façon d'accueillir la miséricorde divine et la compassion de Jésus.

Cependant, pouvoir "avouer son péché" est une grâce de Dieu. Certains péchés graves peuvent être difficiles à confesser. Il faut alors invoquer le nom de Jésus et se confier à Marie. Tout devient alors très simple. L'aveu, c'est donner son péché à Dieu avec une confiance absolue en la miséricorde divine. Alors que le garder, y penser et y repenser n'engendre que culpabilité et tourment. Dieu cependant n'a pas attendu le sacrement pour dire lui-même au pénitent repentant que sa faute était déjà pardonnée, car il n'y a rien de légaliste en Dieu. Ce qui compte c'est d'abord la disposition du coeur, c'est la contrition que Dieu attend d'abord du pécheur. Mais Jésus n'a pas non plus institué ce sacrement pour rien, et nul chrétien ne saurait s'en passer sans tomber dans la présomption, terrain des plus favorables au tentateur. L'aveu et l'absolution libèrent, mais aussi protègent le pécheur. S'il retombe encore dans le même péché, Dieu s'occupera plus particulièrement de lui, suite au sacrement reçu. Dieu est fidèle et honore toujours les actes loyaux que nous posons à son égard.

Dieu l'accorde par sa grâce

Dans l'aveu nous ne prêtons plus attention à notre faiblesse qui nous avait fait tomber, mais nous nous en remettons à Dieu, toujours prêt à nous relever au moindre appel de notre part. *"Si nous confessons nos péchés, lui, fidèle et juste pardonnera nos péchés, et nous purifiera de cette iniquité"* (1 Jn 1, 9). C'est cet aveu spontané que le Seigneur attend de nous comme un cri qui monte vers lui.

"Et ils criaient vers le Seigneur dans la détresse, de leur angoisse il les a délivrés. Il envoya sa parole, il les guérit, à la fosse il arracha leur vie" (Ps 107, 19-20).

Si la repentance est nécessaire pour obtenir le pardon, celui-ci ne repose que sur le sacrifice du Christ qui transforme un désastre en victoire : d'esclaves du péché que nous étions, Dieu fait de nous avec lui, des triomphateurs. *"Tu rachetas pour Dieu au prix de ton sang des hommes de toute race, langue, peuple et nation, tu as fait d'eux pour notre Dieu une royauté de prêtres, régnant sur la terre"* (Ap 5, 9-10).

La réconciliation c'est l'oeuvre de Dieu, même si nous avons eu un pas à faire, comme le fils prodigue. *"Dieu nous a réconciliés avec lui par le Christ... Nous vous en supplions au nom du Christ : laissez-vous réconcilier avec Dieu"* (2 Co 5, 18, 20). Dans l'aveu de mes péchés, j'accueille Jésus-Sauveur, je me laisse aimer par lui qui vient me donner la miséricorde du Père. Et c'est ce qui me donne l'audace d'avouer mon péché qui me paraissait être une montagne. Sainte Thérèse de l'Enfant-Jésus l'a si bien exprimé à la fin de sa vie, le 11 juillet 1897 :

> "Dites bien, ma Mère que si j'avais commis tous les crimes possibles, j'aurais toujours la même confiance,

> je sentirais que cette multitude d'offenses serait comme une goutte d'eau jetée dans un brasier ardent."[1]

Celui qui avoue un péché important et qui pesait sur sa conscience, s'en trouve d'un seul coup libéré. C'est une oppression qui durait depuis tant d'années parfois, et qui saute sur-le-champ.

Mais il faut avoir le courage d'avouer ce péché, et aussi la liberté de l'exprimer. La prière nous libère de ce démon muet qui empêche de parler. C'est alors, souvent, que le Seigneur donne à son prêtre le charisme de lire dans les coeurs : "Vous avez encore quelque chose à dire, n'hésitez pas."

Le pénitent devra toujours croire et se souvenir que Dieu pardonne complètement, et à ce point même qu'il décide d'oublier son péché : *"Tous me connaîtront, des plus petits jusqu'aux plus grands parce que je vais pardonner leur crime et ne plus me souvenir de leur péché"* (Jr 31, 34). Quel soulagement alors pour celui qui avait une grosse faute sur la conscience et qui vient d'être pardonné par Dieu.

Si un jour tu as du mal à accuser un péché, confie-toi à Marie, en préparant ta confession. Demande-lui de préparer le chemin, ton coeur et tes lèvres pour parler. Avec la douceur d'une mère, elle t'accompagnera jusqu'au prêtre, dans le secret de ton coeur et du sien. Et tu seras surpris.

1- Manuscrits autobiographiques, p. 302.

Si tu fais assez souvent la même faute, le démon menteur te soufflera à l'oreille que c'est inutile de l'accuser à nouveau, après plusieurs années... C'est faux. Il faut persévérer dans l'aveu. Refaire cette démarche donne des grâces pour continuer le combat spirituel même si la victoire n'est pas encore là. Dans le cas contraire c'est la défaite absolue et certaine. Il ne faut jamais abdiquer dans la vie spirituelle. La persévérance fait des merveilles.

Le péché est un esclavage. L'aveu du péché brise les chaînes de cet esclavage. Le prêtre ne doit rien redire de ta confession. Mais toi, tu peux le faire . N'hésite pas à témoigner de la manière dont Jésus t'a libéré dans l'aveu de tes péchés et par ce chemin, a transformé ta vie.

4- L'ABSOLUTION ET LA PÉNITENCE

Suite à l'aveu de nos péchés, le prêtre nous donne une "pénitence" et prononce l'absolution. C'est le moment décisif, puisqu'en certains cas bien précis, le prêtre a le devoir d'ajourner ou de refuser l'absolution. Ce n'est pas lui qui le décide c'est l'Eglise, et c'est pourquoi il ne dispose pas d'en faire à sa guise dans certains cas difficiles. Par exemple, quelqu'un qui a fait beaucoup de mal à son prochain et n'a qu'un désir, celui de recommencer, ne peut recevoir l'absolution tant qu'il ne renonce pas à son désir. Pareillement, l'époux qui a quitté son épouse pour en prendre une autre et qui s'est "installé" dans cette seconde union ne peut pas non plus recevoir l'absolution tant qu'il n'aura pas changé de vie. Il n'est pas permis de prendre l'épouse de son voisin. La morale n'a pas changé depuis Jean-Baptiste qui avait reproché à Hérode d'avoir pris la femme de son frère (cf. Mc 6, 18). Il n'y a là aucune punition de l'Eglise, mais l'application de la plus pure logique. Pour recevoir l'absolution, il faut décider de quitter son péché quel qu'il soit.

Vérité et miséricorde dans l'absolution

Mais dans ces cas douloureux, il n'y a aucun abandon de ces chrétiens par l'Eglise. Jean-Paul II le rappelle :

> "Avec le synode, j'exhorte chaleureusement les pasteurs et la communauté des fidèles dans son ensemble à aider les divorcés-remariés. Avec une grande charité, tous feront en sorte qu'ils ne se sentent pas séparés de l'Eglise, car ils peuvent et même ils doivent, comme baptisés, participer à sa vie."[1]

Il est très néfaste de se fixer sur le refus d'absolution et d'eucharistie pour les divorcés-remariés. C'est un principe très logique qui vaut pour toute autre faute à l'égard des dix commandements. Par exemple, un voleur est dans l'obligation de rendre l'argent qu'il a pris. Dans d'autres cas, le prêtre discernera que le pénitent va faire des progrès spirituels en différant seulement l'absolution.

C'est le moment important, mais qui ne prend toute sa

1- Jean-Paul II, exhortation apostolique : *Familiaris consortio*, n° 84.

valeur, c'est-à-dire qui attribue toutes les grâces promises à travers l'absolution, que si toutes les étapes qui l'ont précédée ont été bien vécues avec ferveur et profondeur, comme décrit précédemment. C'est une formule sacramentelle (et qui n'a absolument rien à voir avec un rite magique). Écoutons à ce sujet l'enseignement de notre Pape Jean-Paul II :

> "La formule sacramentelle : "Je te pardonne...", et l'imposition de la main suivie du signe de la croix tracée sur le pénitent, manifestent qu'en cet instant le pécheur contrit et converti entre en contact avec la puissance et la miséricorde de Dieu. C'est le moment où la Trinité, en réponse au pénitent, se rend présente à lui pour effacer son péché et lui redonner son innocence, et la force salvifique de la passion, de la mort et de la résurrection de Jésus est communiquée au même pénitent, en tant que "miséricorde plus forte que la faute et que l'offense", comme j'ai eu l'occasion de le préciser dans l'encyclique *Dives in misericordia*. Dieu est toujours le principal offensé par le péché - *"contre Toi seul, j'ai péché"* - et Dieu seul peut pardonner. Seule la foi peut assurer qu'en cet instant tout péché est remis et effacé par la mystérieuse intervention du Sauveur."[1]

Faire sa pénitence

Le prêtre donne également une pénitence. Comment la vivre spirituellement ? Elle fait partie du sacrement, elle en

---

1- Jean-Paul II, *La réconciliation et la pénitence*, 1984, n° 31, III.

est comme l'achèvement. Après l'absolution, nous quittons le prêtre pour nous retrouver dans un coeur à coeur avec le Seigneur, pour accomplir cette pénitence. C'est comme si le Seigneur voulait nous donner une petite part à faire, alors qu'il nous a sauvés totalement et que dans ce sacrement tout est don gratuit. La preuve en est que l'absolution étant donnée, le péché est complètement pardonné. Accomplir une pénitence lourde ou légère n'ajoutera rien au pardon donné par Dieu.

La théologie appelle ce dernier temps du sacrement : la **satisfaction.** Écoutons encore notre Pape nous enseigner :

> "La satisfaction est l'acte final qui couronne le signe sacramentel de la pénitence. Dans certains pays, ce que le pénitent pardonné et absous accepte d'accomplir après avoir reçu l'absolution s'appelle précisément "pénitence". Quel est le sens de cette satisfaction dont on s'acquitte, ou de cette pénitence que l'on accomplit ? Ce n'est assurément pas le prix que l'on paye pour le péché absous et pour le pardon acquis : aucun prix humain n'est équivalent à ce qui est obtenu, fruit du sang très précieux du Christ. Les actes de la satisfaction - qui tout en conservant un caractère de simplicité et d'humilité, devraient mieux exprimer tout ce qu'ils signifient - sont l'indice de choses importantes : ils sont le signe de l'engagement personnel que le chrétien a pris devant Dieu, dans le sacrement, de commencer une existence nouvelle (et c'est pourquoi ils ne devraient pas se réduire seulement à quelques formules à réciter, mais consister dans des oeuvres de culte, de charité, de miséricorde, de réparation) ces actes de la satisfaction incluent l'idée que le pécheur pardonné est capable d'unir sa propre mortification

corporelle et spirituelle, voulue ou au moins acceptée, à la passion de Jésus qui lui a obtenu le pardon."[1]

Accomplir cette pénitence n'a rien de légaliste, c'est une affaire de coeur. Souvent cette pénitence est "petite". Le motif pratique en est très simple : il ne faudrait pas que le pénitent, d'un côté libéré du poids de son péché, se trouve dans les jours suivants avec un remords sur la conscience pour n'avoir pas eu la capacité d'accomplir la pénitence demandée par le prêtre. Mais, d'autre part, s'il en a le désir, le pénitent pardonné pourra faire davantage que ce que le prêtre lui a demandé.

Qui va réparer ?

Le pénitent, une fois confessé et pardonné doit réparer. Mais de quelle réparation s'agit-il ? Si le péché était un vol, le pénitent est tenu de réparer en rendant au propriétaire ce qu'il a volé. S'il a dépensé ce qu'il a volé, il lui faudra rembourser à la mesure de ses moyens et quand il le pourra. Il rendra le bien qu'il a pris, "discrètement". Il n'est pas obligé d'avouer sa faute (sauf à Dieu). S'il lui est impossible de rendre à celui qui a été lésé, il devra donner l'équivalent aux pauvres. Quoiqu'il en soit, ce qui a été volé ne peut appartenir au voleur. Réparer envers le prochain est donc demandé dans la mesure du possible en toutes circonstances. Un autre exemple : attenter à la réputation d'un autre par la médisance ou la calomnie doit être réparé. Dans une autre intervention, il s'agira de s'excuser, d'avouer s'être trompé, ou n'avoir pas été objectif. Ceci est très important dans les relations

---

1- ibid., n° 31, III.

professionnelles, ou tout simplement fraternelles.

Pour ce qui est de la réparation de nos péchés commis envers Dieu, il n'en va pas de même. Il nous faut humblement admettre que Jésus notre Sauveur a pu seul réparer nos péchés. *"Je réparerai ses brèches, je réparerai ses ruines"* (Am 9, 11) nous dit le prophète dans l'Ancien Testament, annonçant par là l'oeuvre de salut opérée par le Sauveur. Bien sûr, il nous faut offrir nos souffrances et notre vie en sacrifice. Mais il est impossible de nous sauver par nous-mêmes. Pouvons-nous gagner des mérites ? Voici ce que nous dit l'Eglise dans le catéchisme :

> "La pénitence doit correspondre autant que possible à la gravité et à la nature des péchés commis. Elle peut consister dans la prière, une offrande, dans les oeuvres de miséricorde, le service du prochain, dans des privations volontaires, des sacrifices, et surtout dans l'acceptation patiente de la croix que nous devons porter"... Et citant le concile de Trente : "Mais notre satisfaction, celle que nous acquittons pour nos péchés, n'est que par Jésus-Christ : nous qui, de nous-mêmes comme tels, ne pouvons rien nous-mêmes, avec l'aide *"de Celui qui nous fortifie, nous pouvons tout"* (Ph 4, 13). Ainsi l'homme n'a rien dont il puisse se glorifier, mais toute notre "gloire" est dans le Christ en qui nous satisfaisons, *"en faisant de dignes fruits de pénitence"* (Lc 3, 8), qui en Lui puisent leur force, par Lui sont offerts au Père et grâce à Lui sont acceptés par le Père."[1]

1- *Catéchisme de l'Eglise catholique*, n° 1460.

> Et encore : "La charité du Christ est en nous la source de tous nos mérites devant Dieu... Les saints ont toujours eu une conscience vive que leurs mérites étaient pure grâce."[1]

Et le catéchisme de citer sainte Thérèse de l'Enfant-Jésus :

> "Après l'exil de la terre, j'espère aller jouir de Vous dans la Patrie, mais je ne veux pas amasser de mérites pour le ciel, je veux travailler pour votre **seul Amour**."[2]

Bien recevoir l'absolution c'est l'accueillir dans son coeur et dans les profondeurs de son âme. C'est pourquoi ce sacrement ne peut être "expédié". Le pécheur reçoit alors une si grande grâce qu'il lui faut beaucoup de recueillement.

Si tu ne l'étais pas au début de ta confession, il est bon de te mettre à genoux au moment de l'absolution, pour reconnaître ta petitesse devant Dieu. Ce n'est plus le moment d'un échange spirituel avec le prêtre. Il te faut ouvrir toutes tes portes au pardon de Dieu, c'est-à-dire à son amour. C'est pour bien vivre ce moment de recueillement que l'Eglise conseille de faire juste auparavant ou pendant, un acte de contrition. A cet instant la grâce est accordée et va porter du fruit.

1- ibid., n°2011.
2- Acte d'offrande à l'Amour miséricordieux.

La pénitence à effectuer, que ce soit un geste ou une prière, se fait dans la repentance mais aussi dans la reconnaissance de tous les bienfaits reçus. C'est encore une question d'amour. Alors, de bon coeur, tu peux bien "doubler" la pénitence : au lieu d'une dizaine de chapelet, par exemple, en dire deux. Quelle que soit la pénitence donnée, n'hésite pas à ajouter une prière de reconnaissance personnelle pour les bienfaits reçus dans le sacrement, comme le psaume 103, par exemple : "Bénis le Seigneur ô mon âme, n'oublie aucun de ses bienfaits."

Finalement, tu le vois, aller se confesser c'est répondre à l'Amour par l'amour. C'est l'occasion de laisser parler ton coeur. Tu peux alors t'interroger : celui qui n'a pas découvert la richesse du sacrement de réconciliation est-il allé au bout de l'amour ? Dans ce cas, réponds d'abord pour toi à cette question en décidant d'être toujours fidèle à ce sacrement. N'est-ce pas là que Jésus t'attend pour te faire grandir davantage dans son amour ?

5- LIBÉRÉ, LE COMBAT CONTINUE

Habituellement, suite à une belle victoire de Jésus en nous, le combat commence. Et il faut en être prévenu. Il y a ce que la grâce opère en nous : le pardon, la guérison et la libération. Et il reste notre part à fairc. Regrettant vraiment d'avoir commis le péché, nous allons lutter de toutes nos forces pour éviter d'y retomber, et cela par amour pour le Seigneur : c'est le combat spirituel.

Le combat spirituel contre nous-mêmes, les idoles et le démon

Avec Jésus et la force du Saint-Esprit, il s'agit d'abord de combattre contre *"les désirs charnels qui font la guerre à l'âme"* (1 P 2, 11). En effet, la *"convoitise de la chair"* (1 Jn 2, 16) essaie de s'en prendre à l'oeuvre de l'Esprit en nous. *"Or on sait bien tout ce que produit la chair : fornication, impureté, débauche, idolâtrie, magie, haines, discorde, jalousie, emportements, disputes, dissensions, scissions, sentiment d'envie, orgies, ripailles et choses semblables. Ceux qui commettent ces fautes-là n'hériteront pas du Royaume de Dieu"* (Ga 5, 19-21). Il y a opposition entre la chair et l'esprit. L'apôtre Paul dit encore : *"Le désir de la chair c'est la mort, mais le désir de l'esprit c'est la vie et la paix"* (Rm 8, 6). Il y a donc nécessairement combat, et l'apôtre intervient avec vigueur auprès des Galates pour qu'ils tiennent ferme dans ce qui est acquis : *"Êtes-vous à ce point dépourvus d'intelligence que de commencer par l'esprit pour finir maintenant dans la chair ?"* (Ga 3,3).

A la lutte intérieure que nous avons à mener contre nous-même, s'ajoute ainsi un combat contre les séductions du monde. Saint Jean à ce sujet recommande la vigilance aux chrétiens : *"Petits enfants gardez-vous des idoles"* (1 Jn 5, 21).

Mais il s'agira surtout de combattre contre l'Adversaire qui refuse tous progrès spirituels venus des bons fruits de la confession. Soyons réalistes : le diable est radicalement contre le sacrement de pénitence. Il nous faut opter pour Dieu et refuser toute compromission avec l'esprit du monde : *"Nous savons que nous sommes de Dieu, et que le monde entier gît au pouvoir du Mauvais"* (1 Jn 5, 19). Ne nous leurrons pas, le combat est inévitable. Saint Pierre nous dit : *"Soyez sobres et veillez... résistez-lui, fermes dans la foi"* (1 P 5, 8, 9). De fait, il n'y a pas de croissance spirituelle sans combats. Jésus veut pour nous la victoire contre le diable, dans les tentations. C'est ici que la confession a un rôle très important : si le péché a été commis de nouveau, Dieu va relever le pécheur qui recevra des forces nouvelles pour le combat. Le prêtre donnera aussi de bons conseils sur la façon de lutter pour avoir la victoire, car on ne combat pas pour combattre mais pour triompher. Par la confession fréquente, ce sera l'occasion de faire le point pour enfin pouvoir sortir du péché. La confession est donc indispensable au combat spirituel. Souvent ceux qui ignorent le combat spirituel sont ceux qui se confessent rarement. Mais ceux qui se confessent régulièrement ne tardent pas à constater les progrès spirituels qu'ils font.

Pour vaincre les tentations

Parfois des chrétiens sont inquiets devant la tentation, ou s'en étonnent. Le saint curé d'Ars a tôt fait de lever ce scandale. Il y voit la chose la plus naturelle du monde :[1]

> "La tentation est quelquefois utile pour nous rappeler la présence de Dieu par des actes d'amour..."

1- les citations suivantes se trouvent dans : B. Nodet, *Pensées du curé d'Ars*, pages 171 à 176.

"C'est dans le combat que nous prouvons à Dieu notre amour et dans l'acceptation des peines qu'il nous envoie."

Il ose même ajouter que "la plus grande tentation est de n'en point avoir".

Il n'en fait pas une "montagne", il reste calme devant l'épreuve : "Le Bon Dieu ne nous demande pas le martyre, mais seulement de résister à quelques tentations."

Et pourtant, il ne minimise pas l'importance du combat que nous devons entreprendre contre le démon dans les tentations. Pour lui, c'est à ceux qui ont décidé d'aimer Jésus qu'il va s'attaquer le plus : "Le démon tente surtout les belles âmes."

"Quand le démon voit qu'une âme tend à l'union à Dieu, il redouble de rage."

"Les plus grands saints, ce sont ceux qui ont été le plus tentés."

Il nous donne la clef pour avoir la victoire dans les tentations : "Si nous étions pénétrés de la sainte présence de Dieu, il nous serait facile de résister à l'ennemi."

"Lorsque le démon veut perdre une personne, il commence par lui inspirer un grand dégoût pour la prière."

"Lorsque nous sommes accablés par les tentations, il ne faut pas nous laisser aller au découragement."

"C'est par la prière et les mortifications que nous viendrons à bout de combattre les tentations du démon."

"Trois choses sont absolument nécessaires contre la tentation : la prière pour éclairer, les sacrements pour nous fortifier, et la vigilance pour nous préserver."

En toutes tentations, le saint curé d'Ars voyait la victoire possible et le chemin assuré de la vie éternelle : "Les combats nous mettent au pied de la croix, et la croix à la porte du ciel."

Finalement ce n'est pas la tentation qui est grave, mais le fait de ne pas savoir lutter contre elle pour obtenir la victoire.

Alors va naître une grande espérance : celle de pouvoir aimer davantage Jésus. Nous allons voir nos faiblesses maîtrisées. Peu à peu nous sortons de l'ornière. Mais le Seigneur veut encore nous donner bien davantage que la victoire dans les tentations. Il veut nous affermir dans son amour : *"Quand vous aurez souffert un peu, le Dieu de toute grâce vous rétablira lui-même, vous affermira, vous fortifiera, vous rendra inébranlables"* (1 P 5, 10).

Rejeter inquiétudes et fardeaux

Mais trop de chrétiens qui sont effectivement généreux pour le Seigneur se laissent encore "piéger". Par des soucis qui tournent à l'inquiétude, lorsque nous avons une bonne santé, l'erreur peut venir d'un surcroît d'activités généreuses, ce qui est contraire à la sobriété. Cela pourra encore être la dispersion des pensées et du coeur.

Voilà qui est cause des fardeaux qui alourdissent notre vie et qu'il faut rejeter. Dans la confession il nous faut les déposer au pied de la croix de Jésus. L'apôtre Paul nous dit : *"N'entretenez aucun souci"* (Ph 4, 6). Celui qui se laisse encombrer manque d'abandon et de confiance en Dieu. Il doit en demander pardon au Seigneur.

Pour éviter ce piège d'avoir laissé s'accumuler les inquiétudes qui tournent à l'angoisse, il faudra d'abord la vigilance.

C'est elle qui donne de remettre à Dieu nos fardeaux un à un, ce qui permet de ne pas crouler sous la tâche. La dernière prière du soir sera bien le moment favorable pour remettre au Seigneur le poids du jour, que nous en soyons responsables ou non : *"Nous devons rejeter tout fardeau et le péché qui nous assiège et courir avec confiance l'épreuve qui nous est proposée... Songez à celui qui a enduré de la part des pécheurs une telle contradiction afin de ne pas défaillir par lassitude de vos âmes"* (He 12, 1, 3). Pour être bien certain de rejeter tout péché, il nous faut d'abord rejeter les fardeaux qui nous affaiblissent et peuvent diminuer nos forces pour lutter contre la tentation.

Prudence, vigilance et sobriété

Pour éviter le péché il faudra encore la sobriété. *"Soyez sobres et veillez"*, nous dit saint Pierre. Il faudra éviter la présomption, et avec humilité se priver de ce qui peut engendrer le péché, par exemple : certains films à la télévision, les plages indécentes, les fréquentations douteuses, les milieux où l'on n'aime pas l'Eglise... Ceci faisant, on commencera par éviter les occasions de tentation et de chute : présomption des pharisiens d'une part, "qui savent tout", présomption de saint Pierre d'autre part, qui s'imagine : "moi, je ne risque rien". Ces occasions de chutes sont d'autant plus terribles que nous nous étions placés haut. Ce besoin absolu du combat spirituel, pour qui que ce soit, nous ramène bien à l'humilité, sans laquelle aucun progrès spirituel n'est possible. Le chrétien authentique reconnaît sa fragilité et ses faiblesses. Il le reconnaît vraiment en pratiquant la confession fréquente. Sans elle, ce ne sont que des discours sur une fausse humilité, en fait de l'orgueil déguisé. Saint Paul reconnaît humblement sa faiblesse : *"Je ne fais pas le bien que je veux et commets le mal que je ne veux pas"* (Rm 7, 19). Mais il ne baisse pas les bras : *"j'ai combattu jusqu'au bout le bon combat"* (2 Tm 4, 7).

Une fois libérés du péché, il ne faut pas nous laisser enfermer dans une nouvelle prison que serait un surcroît d'activité. Cela enlèverait la paix de notre âme, faute d'avoir remis notre vie dans les mains du Seigneur. Et là, il y a encore un combat supplémentaire et souvent méconnu, qui s'ajoute à ceux qui sont à mener chaque jour contre le vieil homme et contre l'Adversaire. Beaucoup l'oublient à cet endroit : être vigilant même envers notre générosité, celle de celui qui est devenu "indispensable", alors qu'il n'était, comme les autres, qu'un "serviteur inutile" (cf. Lc 17, 1).

Finalement, ce sont tous les baptisés qui sont appelés au combat spirituel. La confession fréquente qui nous donne de refaire le point, nous tient en haleine dans cette lutte sans merci, avec toutes les grâces reçues dans ce sacrement et qui sont notre force pour la victoire. Autrement dit, la confession assure la victoire dans le combat et de ce fait la croissance spirituelle.

Avec le soutien de la communauté des frères

Mais dans cette vie d'épreuves, nous ne sommes pas seuls : dans ce combat personnel, en plus de la grâce de Dieu, nous pouvons compter sur la prière et la compassion de nos frères car ils sont plus proches de nous que nous ne l'imaginons ou pouvons le ressentir : *"Résistez-lui* (au diable) *fermes dans la foi, sachant que c'est le même genre de souffrance que la communauté des frères, répandue dans le monde, supporte"* (1 P 5, 9). Ceci est très important, nous avons besoin de la prière de la communauté pour remporter la victoire. Combien de chrétiens ont pu recevoir de Dieu la force de rompre un mauvais lien (adultère, drogue, alcool, cupidité) parce qu'un monastère ou une communauté nouvelle ou une maman offrait sa vie en sacrifice, et sa prière à cette intention.

En ce sens, les chaînes de jeûne et de prière sont des gestes de foi très importants pour demander au Seigneur la victoire contre l'avortement envisagé par celle qui se trouve surprise d'être enceinte.

Dans cette victoire personnelle à remporter contre le péché, la communauté que Dieu nous donne a sa part de responsabilité à prendre.

> C'est ainsi qu'une jeune femme de trente-cinq ans témoigne qu'elle attend dans la foi et la persévérance le retour de son mari qui l'a quittée depuis plusieurs années. Et elle ajoute que cela n'est possible que par le soutien fraternel de la communauté de prière qu'elle fréquente régulièrement. L'adultère vécu par son mari ne l'autorise pas à commettre le même péché, et elle doit pouvoir compter sur la prière de ses frères et soeurs pour remporter la victoire face aux tentations du monde, ou encore face à un certain laxisme professé dans certains milieux qui se disent "chrétiens", mais qui ne sont certainement plus "évangéliques".

Voilà la part "collective" que le Seigneur attend de nous pour manifester sa victoire. Et cette part est très exigeante.

La part collective du sacrement n'est donc pas au niveau d'un aveu muet de son péché au cours d'une assemblée pénitentielle mais dans la part commune à lutter ensemble contre le péché. Car finalement, n'est-ce pas dans la façon dont nous luttons ensemble contre le péché que le Seigneur peut reconnaître l'authenticité de l'amour qu'a notre assemblée chrétienne pour lui ? Comme le concile Vatican II nous l'a rappelé, l'Eglise est bien le "peuple de Dieu" mais pas n'importe comment, grâce au pardon de Dieu : *"Vous qui jadis n'étiez pas un peuple et qui maintenant êtes le Peuple de Dieu, qui n'obteniez pas miséricorde et qui maintenant avez obtenu miséricorde"* (1 P 2, 10).

Dieu nous rétablit dans son amour, mais nous demande aussi de prendre la bonne décision de rejeter les idoles et nous attacher à lui sans partage. Et le combat va consister à tenir cette promesse. Josué pose cette question au peuple assemblé à Sichem, avant d'entrer en terre promise :

> *"Josué dit au peuple : vous êtes témoins, contre vous-mêmes que vous avez fait choix de Yahvé pour servir." Ils répondirent : "Nous sommes témoins." - Alors, écartez les dieux de l'étranger qui sont au milieu de vous et inclinez votre coeur vers Yahvé, Dieu d'Israël." Le peuple dit à Josué : "C'est Yahvé notre Dieu que nous servirons, c'est à sa voix que nous obéirons."* (Js 24, 22-24).

Le peuple de Dieu a promis de "servir" et "d'obéir", mais en inclinant son coeur vers le Seigneur. Le combat spirituel se fait toujours par amour. C'est une décision du coeur. Dieu avait pardonné de tout son coeur. Le pécheur pardonné va mettre tout son coeur à ne plus retomber dans le péché.

Finalement il n'y a pas de bonne confession sans décision ferme d'éviter le péché.

D'une confession à l'autre tu apprends la vigilance. Où en étais-tu dans l'amour du Seigneur la dernière fois ? Et aujourd'hui, maintenant que tu prépares ta confession suivante ?

Tu vas d'une communion à l'autre en te souvenant de la précédente, des bienfaits reçus la veille ou le dimanche précédent ; il doit en être de même pour le sacrement de réconciliation. Sinon ta vie spirituelle sera "décousue", elle manquera d'unité intérieure.

C'est la vigilance qui va te permettre ce "sérieux" du sacrement, ce "suivi" qui est une marque de fidélité en amour pour éviter le péché. La question à te poser sera toujours celle de la vigilance :
- envers le vieil homme, ou la "chair", qui porte au péché,
- envers le démon et ses tentations, qui mènent au péché,
- envers les fardeaux qui engendrent la lassitude de l'âme, propice à la chute,
- envers la présomption où le "bon chrétien" est piégé par son orgueil.

La vie d'union à Dieu, à laquelle tu es appelé, te donne de nombreuses occasions de refaire le point avec le Seigneur : le début de chaque eucharistie, la visite au Saint-Sacrement, le vendredi de chaque semaine, mémoire de la mort en croix de Jésus, et chaque soir, ce qui est appelé parfois "examen de conscience".

Il est bon de voir le sens spirituel de cette dernière démarche. Est-ce que tu as pu dire loyalement chaque minute de la journée : "Jésus, je t'aime ?" Voilà la vraie question. Alors ce n'est plus un examen de la "conscience", mais du "coeur". Et puis ce n'est pas non plus un examen. Il est vrai qu'au passage, tu as eu besoin de ta mémoire durant quelques secondes, mais le constat de ta misère n'apporte rien du tout, d'autant plus que tu auras chaque fois une mauvaise note à "l'examen". Alors sans retard, il te faudra plonger spontanément dans le coeur miséricordieux de ton Dieu et redire avec l'Eglise orientale : "Jésus, fils de David, prends pitié de moi pécheur." Le Seigneur attend de toi l'abandon confiant d'un coeur qui se voit déjà pardonné. Et voici, tu repars en paix, en attendant le jour où tu recevras à nouveau et dans la persévérance ce grand sacrement de l'amour qu'est la réconciliation.

Tu te poses certainement la question de la fréquence de tes confessions ? Un rythme mensuel est souhaitable pour le baptisé dans le monde, et dans certaines périodes, plus fréquemment. C'est l'Eglise qui enseigne la confession fréquente. La Vierge Marie aime nous en parler, pour nous le rappeler au cas où nous aurions oublié l'enseignement de nos pasteurs, évêques et prêtres.

CHAPITRE III

De la Mort à la Vie

"Quand vos péchés seraient comme l'écarlate,
comme neige ils blanchiront."

(Is 1, 18)

CHAPITRE III

1- Un sacrement dans la puissance du Saint-Esprit
2- Me laisser consoler par Dieu
3- Jésus guérit
4- Pardon, consolation et guérison engendrent la Paix
5- Deux coeurs qui se retrouvent et c'est la fête

"*Mon fils que voilà était mort et il est revenu à la vie*" (Lc 15, 24). Bien se confesser, c'est aussi prendre le temps de revenir à la vie. Il nous faut savoir aller jusqu'au bout du don de Dieu. Il est possible d'être pardonné sans être passé par la consolation, et sans avoir accueilli la guérison. Il est possible d'être pardonné par Dieu et de ne pas s'être pardonné à soi-même ; alors la paix n'est pas revenue. Il arrive aussi parfois que le pardon soit accordé et reçu, et que la fête ait été oubliée. Ce qui manque en ce cas c'est l'action de grâce, la joie de remercier :

> "*Oui, je veux te bénir en ma vie, à ton nom élever les mains.., toi qui fus mon secours et je jubile à l'ombre de tes ailes*" (Ps 63, 5, 8).

Recevoir ce sacrement, c'est quitter la mort, puisque "*le salaire du péché, c'est la mort*" (Rm 6, 23) ; mais également, c'est accueillir la vie et la paix. C'est accueillir tout ce qui déborde du coeur de Dieu : sa tendresse et la guérison en plus.

C'est recevoir sa paix profonde que nous osions à peine espérer, et vivre la fête d'autant plus gratuitement que nous avions tout saccagé. Mais il y a un maître d'oeuvre à tous les fruits qu'apporte ce grand sacrement : c'est l'Esprit Saint.

1- UN SACREMENT VÉCU DANS LA PUISSANCE DU SAINT-ESPRIT

"Nous nous "fions" trop à nos résolutions et à nos promesses, pas assez au Bon Dieu"[1], dit le saint curé d'Ars. Il est vrai que nous ne comptons pas assez sur la grâce de Dieu. Or elle est toute-puissante dans la confession. Elle est une force ; c'est celle de l'Esprit Saint qui agit puissamment tout au long de ce sacrement. Le méconnaître ou l'oublier serait fort dommageable pour la vie chrétienne. Ne serait-ce pas cet accueil de l'Esprit Saint qui manque en beaucoup d'endroits où ce sacrement est négligé alors que la générosité et le désir de bien faire pour Dieu et le salut du monde sont incontestables. La cause principale n'est pas la mauvaise volonté, mais l'ignorance foncière de ce qui se passe de grand et d'irremplaçable dans cet échange avec Dieu.

L'Esprit Saint est Seigneur et donne la vie

Recevoir le sacrement de pénitence c'est revenir à la vie, même si souvent nous ne l'avions pas perdue complètement.

L'apathie et la tiédeur des chrétiens viennent souvent de ce qu'ils ne reçoivent pas assez ce sacrement, ou le reçoivent mal. La puissance de libération et la force de vie incluses dans le sacrement ne peuvent alors leur être communiquées. Nous avons une démarche à faire : *"Rendez-vous puissants dans le Seigneur et dans la vigueur de sa force"* (Ep 6, 10). Dans le

1- B. Nodet, p. 137

sacrement de réconciliation, il y a comme une re-création · *"O Dieu, crée pour moi un coeur pur"* (Ps 51, 12).

Notre Credo du dimanche nous donne de proclamer que le Saint-Esprit est Seigneur et qu'il donne la vie. Une vie chrétienne sans l'action du Saint-Esprit deviendrait vite squelettique.

L'image nous en est fournie par la vision d'Ezéchiel des "ossements desséchés" d'Israël, qui reprennent vie par la puissance de l'Esprit : *"Je prophétisai comme il m'en avait donné l'ordre, et l'esprit vint en eux. Ils reprirent vie, et se mirent debout sur leurs pieds : grande, immense armée"* (Ez 37,10).

La prophétie d'Ezéchiel est bien nécessaire en notre temps : combien d'endroits ont besoin de reprendre vie au coeur même de notre Eglise ! Et n'est-ce pas tout particulièrement là où ce sacrement de réconciliation est délaissé ? C'est lui entre autres qu'il faut d'abord réinstaurer. Pour cela il faut exhorter en ce sens et réencourager. Beaucoup d'efforts sont faits, mais "il n'y a plus le goût d'aller se confesser", dit-on. En fait, ce n'est pas d'abord le désir qui manque mais c'est l'action du Saint-Esprit qui est ignorée : *"Prophétise à l'esprit, fils d'homme.., souffle sur ces morts et qu'ils vivent"* (Ez 37, 9) commande Dieu au prophète Ezéchiel. Il nous faut donc obéir au souffle de l'Esprit Saint.

Mais comment est donnée et vécue la toute-puissance du Saint-Esprit dans ce sacrement ? Tout d'abord, les péchés avoués sont réellement pardonnés. L'absolution donnée par le prêtre est la réponse de Dieu Lui-même, accordant son pardon au pêcheur repentant. C'est là que l'Esprit Saint intervient au travers du ministère du prêtre : l'absolution le dit très clairement ·

"Que Dieu notre Père vous montre sa miséricorde :
par la mort et la résurrection de son fils
il a réconcilié le monde avec lui
et il a envoyé l'Esprit Saint
pour la rémission des péchés."

Mieux encore, c'est la Sainte-Trinité qui se manifeste dans la puissance du Saint-Esprit : l'amour du Père, la vie offerte en sacrifice de son Fils et la puissance du Saint-Esprit qui agit.

L'Esprit Saint agit avec force

Ce qui se vit dans ce sacrement nous dépasse tous, à la fois le prêtre et le pénitent. Nous avons les mêmes sentiments que ceux de l'entourage de Jésus, donnant l'absolution au paralytique : *"Les foules furent saisies de crainte et glorifièrent Dieu"* (Mt 9, 8). Nous ne devrions jamais nous habituer à la réception de ce sacrement : Dieu redonne vie à ce qui était mort en nous, ou à ce qui s'en allait vers la mort par suite de nos péchés, de nos faiblesses et de nos lâchetés. C'est de l'ordre du miracle ! Si nous pouvions "réaliser", c'est-à-dire nous rendre compte vraiment, de ce qui se passe entre le prêtre et nous dans une bonne confession ! Celui qui est là présent et agissant entre le pécheur et le prêtre, c'est Dieu Lui-même. Qu'une interprétation de la parabole nous soit permise : Jésus est ce bon Samaritain qui se penche sur le voyageur laissé à demi-mort par les brigands, nous ramasse, nous charge sur sa monture et nous confie à l'aubergiste, qui se trouve être le prêtre qui va prendre soin de nous. Et cela ne lui coûte rien, puisque ce bon Samaritain le paiera à son retour. Et l'auberge, c'est l'Eglise qui accueille tous les pécheurs en les exhortant au repentir.

En effet, tous les pécheurs sont appelés au **repentir** et c'est là qu'il faut éviter toute confusion entre le pécheur et le péché : comme Jésus, l'Eglise n'exclut personne. Pierre nous le dit : *"Je constate en vérité que Dieu ne fait pas acception des personnes, mais qu'en toute nation celui qui le craint et pratique la justice lui est agréable"* (Ac 10, 34-35). L'attitude vraie, donnée par l'Evangile, sera donc toujours d'accueillir le pécheur et de rejeter le péché. C'est là où l'Esprit Saint donne le bon discernement.

C'est lui encore qui donne cette grâce d'accueil au prêtre envers le pécheur pour lui accorder le pardon. C'est au moment de l'ordination sacerdotale que le futur prêtre avait reçu l'Esprit Saint avec le pouvoir de remettre les péchés.

Ce même Esprit était déjà là pour inspirer au pécheur d'aller se confesser. Il était là pour éclairer la conscience du pénitent. Il était là, Esprit de vérité, pour donner au pécheur de bien dire son péché. Il était là pour donner la ferveur au prêtre dans son sacerdoce et lui inspirer les bons conseils spirituels dont le pénitent avait besoin pour éviter le péché.

Il nous libère de l'esclavage...

Et il est là tout particulièrement lorsque le prêtre, au nom de Jésus, prononce l'absolution mais encore la parole de guérison, de libération ou de délivrance, pour couper un mauvais lien retenant le pénitent sous le pouvoir du péché, (bien évidemment, il ne s'agit pas ici de l'exorcisme réservé à l'évêque et au prêtre qu'il délègue).

Les chrétiens devenus libres par la grâce du baptême peuvent-ils retourner en arrière et repartir vers l'esclavage, alors que l'Esprit Saint qu'ils ont reçu n'a pas donné un *"esprit d'esclave, mais de fils"* (cf. Rm 8, 15) ? Certainement pas. Mais il leur faut demeurer vigilants. *"Tenez bon et ne vous remettez pas sous le joug de l'esclavage"* (Ga 5, 1), nous dit saint Paul.

Occultisme, pendule, magnétisme, guérisseur, voyance, cartomancie, divination, horoscope, thème astral, spiritisme, hypnotisme, pratique hindoue, magie blanche.. sont à bannir et, s'ils ont été pratiqués, à confesser. Et il faudra souvent une prière de libération ou de délivrance, plus spécialement dans les cas les plus graves où manifestement le démon n'était pas étranger à la "réussite" de l'opération douteuse entreprise. Parfois certains pensent : "Si Dieu ne veut pas m'exaucer à l'église, je peux aller ailleurs !" Mais qui est maître de cet ailleurs ? Certainement pas Jésus, notre sauveur. Aussi le Catéchisme de l'Eglise catholique met-il en garde contre toutes formes de divination à rejeter :

> "La consultation des horoscopes, l'astrologie, la chiromancie, l'interprétation des présages et des sorts, le phénomène de voyance, le recours aux médiums recèlent une volonté de puissance sur le temps, sur l'histoire, et finalement sur les hommes, en même temps qu'un désir de se concilier les puissances cachées. Elles sont en contradiction avec l'honneur et le respect, mêlé de crainte aimante que nous devons à Dieu seul."[1]

C'est alors que Jésus pardonne par son prêtre, mais également délivre sa pauvre brebis pour qu'elle puisse revenir vers son Seigneur.

1- *Catéchisme de l'Eglise catholique*, Mame, 1992, n° 2116.

Au coeur même de cette prière de délivrance faite par le prêtre, un barrage tombe, la liberté de vivre est retrouvée : voir, sentir, entendre, toucher.., tout ce qui est de l'ordre de l'expression de notre coeur et qui ne pouvait plus se donner ni à Dieu, ni à notre prochain, revit. Le psychisme lui-même se trouve libéré en certains cas.

Suite à cette prière de **libération,** on verra souvent le chrétien grandir spirituellement dans la prière, c'est-à-dire pouvoir rencontrer Dieu sans peur et sans distance. Purifié de toutes mauvaises pratiques, c'est alors que lui est donnée enfin la capacité d'aimer son prochain et de ne plus avoir peur d'être aimé par lui.

...et nous guérit dans la prière

A ce sujet, il y aura souvent, dans ce sacrement, la guérison des souvenirs :

> C'est ainsi par exemple qu'une jeune fille violée à l'age de quinze ans, et mariée ensuite, eut dans cette prière une libération de sa mémoire, de son coeur et de son corps, et elle reçut par cette prière la grâce de se laisser aimer librement par son mari.

Cette grâce omniprésente dans le sacrement de réconciliation doit être demandée, redemandée et accueillie dans la prière. Elle n'est pas l'objet d'un automatisme :

> Quelques semaines après avoir reçu l'effusion de l'Esprit, il y a vingt ans, nous vivions une grâce remarquable au groupe de prière du mercredi soir. A vingt-deux heures, au moment de nous quitter, l'un ou l'autre voyait le besoin de se confesser. Et les deux prêtres que nous étions, (tous deux prêtres ouvriers), étions d'une disponibilité que nous n'avions pas connue auparavant. Nous étions toujours les derniers à quitter la salle. Pourtant nous avions quarante kilomètres à faire

pour rentrer et travaillions de très bonne heure le lendemain. Que s'était-il passé ? Notre coeur de prêtre avait été renouvelé dans la grâce reçue au jour de l'ordination, pour donner ce sacrement avec foi et ferveur. Alors l'Esprit Saint qui était là dans la prière de l'assemblée, était là encore dans ce sacrement, et également présent dans l'entraide fraternelle.

Celui qui t'inspire d'aller te confesser, c'est l'Esprit Saint.
Celui qui te montre tes péchés,
qui t'indique vers quel prêtre aller,
qui te donne la ferveur pour recevoir le sacrement,
qui te rappelle un péché oublié depuis un certain temps, au milieu de l'accusation,
qui te donne le regret, c'est le Saint-Esprit.
Celui qu'a reçu le prêtre le jour de l'ordination, pour te confesser,
celui qui agit avec force dans l'absolution,
celui qui met la joie dans ton coeur après le sacrement, c'est le Saint-Esprit.

Aussi, faudra-t-il que tu Le pries pour le prêtre qui te confesse. Nous remercions facilement le Père pour son amour, Jésus son Fils "qui nous a tant aimés". Et l'Esprit Saint ? Nous l'invoquons assez souvent, il faut aussi le remercier.

Il est tellement partie-prenante dans ce sacrement qu'il y a là une occasion unique de le remercier de tout ton coeur. Il est l'Esprit de vérité qui préside à ce sacrement. Il est aussi l'Esprit d'amour qui "redresse ce qui est tordu, réchauffe ce qui est froid et nous accorde ses sept dons", comme l'Eglise nous donne de le chanter.

On se confesse beaucoup là où l'on invoque souvent l'Esprit Saint avec ferveur. Dans ces lieux également, les prêtres sont touchés et confessent de bon coeur. Toi qui veux progresser dans ce sacrement de réconciliation, invoque sans relâche l'Esprit Saint.

2- ME LAISSER CONSOLER PAR DIEU

L'Esprit Saint est la force de nos vies offertes à Dieu, mais il est aussi le "Consolateur".

> *"Que ton amour me soit consolation selon ta promesse à ton serviteur !*
> *Que m'advienne ta tendresse et je vivrai..."*
> (Ps 119, 76-77)

Consolés de la tristesse due au péché

Trop souvent, celui qui a pu déposer son fardeau aux pieds de Jésus, se trouve tellement heureux d'être pardonné et délivré qu'il oublie la grâce suivante : la consolation. Le constat de la faute, qui engendre la repentance et l'aveu, laisse souvent au fond du coeur et bien gravé dans la mémoire, un sentiment de tristesse : celui de n'avoir pas pu répondre à l'amour de Dieu et d'en avoir été personnellement responsable. Dans sa bonté infinie, le Seigneur veut également enlever cette tristesse, conséquence du retour sur soi-même. Sur la croix Jésus a pris notre péché mais aussi toutes ses séquelles. La tristesse en est une. Durant son agonie, Jésus a pris sur lui les tristesses du monde entier et de tous les âges : *"Mon âme est triste à en mourir, demeurez ici et veillez avec moi"* (Mt 26, 38). Les trois apôtres n'accompagnèrent pas Jésus dans son sacrifice, ils se laissèrent gagner par la désespérance, faute de vigilance. *"Se relevant de sa prière, il vint vers les disciples qu'il trouva endormis de tristesse, et il leur dit : " Qu'avez-vous à dormir ? Relevez-vous et priez, pour ne pas entrer en tentation"* (Lc 22, 45-46).

Le péché engendre la tristesse à tous les niveaux : en Dieu d'abord, devant l'ingratitude ou la révolte de sa créature ; dans le prochain qui, au lieu de l'amour fraternel, a trouvé en nous jalousie, insulte, haine ou vengeance ; enfin en nous-mêmes qui nous laissons gagner par la culpabilisation, le remords, le dégoût de vivre.

Dans sa bonté infinie, Dieu veut nous libérer de toute tristesse. Dans son amour paternel il ne peut pas admettre qu'un de ses enfants puisse désespérer. En son fils Jésus, blessé par nos péchés, il se penche sur chacun de nous avec tendresse et pitié, pour enlever la tristesse de nos coeurs.

Le prophète Isaïe avait bien annoncé un Messie rempli de compassion, ayant pris sur lui nos péchés, nos souffrances et nos peines. *"Il n'était pas beau à voir... Il était méprisé et déconsidéré ; mais ce sont nos souffrances qu'il supportait et nos douleurs dont il était accablé"* (Is 53, 3-4). Dans sa compassion, Dieu porte lui-même nos souffrances et dans le partage de nos misères il vient ensuite nous consoler. En effet, celui qui nous accueille dans la réconciliation est à la fois le *"Père des miséricordes et le Dieu de toute consolation"* (2 Co 1, 3). A la grâce de pouvoir pleurer nos péchés succède celle d'être consolé par Dieu lui-même, lui *"qui nous console dans toutes nos afflictions"* (2 Co 1, 4).

La tendresse de Dieu plus forte que le péché

Cette expérience spirituelle est un cadeau de Dieu qui nous rapproche de lui en visitant les profondeurs de notre être, selon ce que nous sommes aujourd'hui en vérité, et non pas selon ce que nous serons demain. Dieu descend lui-même dans la profondeur de nos misères et nous aime tels que nous sommes. Pour cela il y a une démarche personnelle à faire : je dois reconnaître ma misère et me laisser consoler par mon Dieu.

> *"Courage Jérusalem : il te consolera, celui qui t'a donné un nom. Malheur à ceux qui t'ont maltraitée et se sont réjouis de ta chute"* (Ba 4, 30-31).

Voilà le remède pour le perfectionniste que je suis, toujours tenté de remettre à demain la visite du Seigneur, en attendant de pouvoir mieux faire pour lui plaire. C'est alors que naît en nous le désir de changer de vie pour mieux l'accueillir, pour qu'il trouve à l'avenir un coeur davantage préparé à le recevoir.

Le saint curé d'Ars connaissait bien ce besoin de consolation pour le pécheur repentant. Aussi a-t-on pu le surprendre disant à un pénitent (peut-être compliqué) : "Je ne sais pas raisonner..., mais si vous avez besoin de quelque consolation, mettez-vous là (au confessionnal)." Le saint curé était conscient que Dieu seul pouvait consoler le pécheur et il en était absolument certain.

Nous avons besoin d'apprendre à recevoir le pardon de Dieu avec coeur. Si notre péché a une ampleur qui dépasse ce que nous pouvons imaginer, à cause de la faute commise envers l'amour infini de notre Dieu, le pardon de Dieu est infiniment plus grand encore. N'ayons aucune inquiétude, ne gardons aucune culpabilité, il y a en Lui la capacité de tout pardonner. Entre le péché et la grâce, il y a un abîme, et mon péché, si grand soit-il, ne saurait atteindre l'infini de l'amour. *"Là où le péché s'est multiplié, la grâce a surabondé"* (Rm 5, 20). De fait, le péché engendre d'autres péchés, mais ne "surabonde" pas. La grâce, elle, est donnée d'en haut et à profusion : *"D'une onction tu parfumes ma tête, ma coupe déborde"* (Ps 23, 5).

Jean-Paul II nous invite à nous abandonner à la miséricorde de Dieu. Dans son exhortation apostolique sur la réconciliation et la pénitence, il termine la deuxième partie intitulée : "L'amour plus grand que le péché", par ces mots : "Oui, le Seigneur est riche en miséricorde", et nous allons jusqu'à dire : "le Seigneur **est** miséricorde".[1]

Pour accepter de se laisser consoler par Dieu, il faut demander un coeur d'enfant. C'est la grâce des "petits", c'est la vie évangélique. Heureux ceux qui dans une bonne confession voient le Père qui vient à eux pour panser les blessures de leur coeur. "*Ton bâton, ta houlette sont là qui me consolent*" (Ps 23, 4).

1- Exhortation apostolique : *Réconciliation et pénitence*, n° 22.

Tu pleurais ton péché, il n'y avait plus de mots pour exprimer ton regret. En retour, le Père n'avait plus d'autre expression d'amour pour toi que de te consoler. Et ce faisant, ne te voyais-tu pas davantage encore pardonné ? Certainement oui. Maintenant, il semble que tout soit terminé..., que la page soit vraiment tournée. Et cependant tu pleures encore, oui mais cette fois, c'est de bonheur.

"Comme celui que sa mère console, moi aussi je vous consolerai. À Jérusalem, vous serez consolés" (Is 66, 13).

"Heureux les affligés, ils seront consolés" (Mt 5 5). Dans une bonne confession c'est cette Béatitude que le Seigneur te donne la joie de vivre. Vivre l'Evangile, c'est dire "oui" à toutes les Béatitudes. Notre péché nous afflige tout particulièrement et nécessite encore davantage de consolation que ne le demande toute autre épreuve due à des blessures affectives, à la maladie ou encore aux déboires matériels.

Alors , prends le temps de te laisser consoler, et laisse bien le Seigneur le faire au moment où cela lui plaira. Certaines fois, ce sera en voyant ton péché en grand, comme dans un éclair (alors que tu n'examinais rien du tout). D'autres fois ce sera en lien avec le sacrement : en t'y préparant, en le recevant, ou même par la suite.

Ne refuse jamais la consolation du Seigneur, mais pour cela d'abord, aie un coeur simple et n'hésite pas à lui avouer ton chagrin, un chagrin d'enfant. Sinon que signifierait la demande que tu lui as faite "d'être pareil à un petit enfant pour que le royaume de Dieu t'appartienne" (cf. Lc 18, 17).

Le Seigneur attend que tu deviennes complètement, pour son amour de Père, un petit enfant, que tu aies la belle âme d'un petit enfant, mais aussi que tu le deviennes de tout ton être, et pas seulement en imagination.

Pour cela il faut que tu donnes ta réputation de grande personne bien construite, qui refuse encore ce coeur vulnérable sans lequel tu ne peux pas te laisser aimer, ce qui peut s'exprimer de cette façon : "Eh non, j'ai vingt ans, je ne veux plus revenir à des réactions infantiles." Et pour les plus anciens : "Oh non, j'ai trop peur de retomber en enfance !" et puis à la maison, on m'a dit étant enfant : "Quand tu seras grand, tu feras de grandes choses !"

En fait, l'enseignement traditionnel de l'Eglise fondé sur l'Evangile est tout autre. Tous les saints ont dit leur bonheur de se voir tenus dans la main de Dieu. "Derrière et devant tu m'enserres, tu as mis sur moi ta main. Merveille de science qui me dépasse..." (Ps 139 5-6).

3- JÉSUS GUÉRIT

Jésus est venu pour les malades et les pécheurs. Dans l'Evangile, nous voyons Jésus guérir les âmes et les corps.

Se laisser faire par la bonté du Seigneur

Dans le sacrement de réconciliation, c'est le même Jésus qu'en Palestine qui pardonne et nous les mêmes hommes avec les mêmes demandes : se convertir et guérir. Le saint curé d'Ars disait :

> "On ne peut pas comprendre la bonté que Dieu a eue pour nous d'instituer ce grand sacrement de pénitence. C'est beau de penser que nous avons un sacrement qui guérit les plaies de notre âme. Mais il faut le recevoir avec de bonnes dispositions. Autrement ce sont de nouvelles blessures sur les anciennes."

Il nous faut demander et attendre la guérison dans le sacrement de réconciliation. Le Seigneur donne aussi la guérison intérieure. Le prêtre peut faire une prière particulière pour demander la guérison des blessures du passé qui ont favorisé le péché, ou encore la guérison des blessures intérieures ou extérieures occasionnées par le péché commis. Cette prière de guérison adaptée à chaque pénitent est un facteur important pour la paix qu'apporte le sacrement.

Cependant, des laïcs peuvent aussi faire cette prière de guérison, donc hors du sacrement lui-même. S'il ne doit pas y avoir confusion entre l'accompagnement spirituel par un laïc et le sacrement donné par un prêtre, la complémentarité des deux est possible. Que ce soit pour les laïcs, les diacres (serviteurs) ou les prêtres, la grâce à demander à l'Esprit Saint, c'est le charisme de foi *"à transporter les montagnes"* (1 Co 12, 9 et Mc 11, 23). C'est alors que la guérison a lieu. Dans le cas du sacrement, c'est d'abord le sacrement qui guérit.

D'autre part, il arrive assez souvent que des guérisons psychosomatiques accompagnent la guérison de l'âme, à la suite d'une confession où le pénitent était venu d'abord pour recevoir ce sacrement avec le désir de sa conversion complète. C'est alors que le Seigneur va plus loin que ce que le pénitent osait demander.

Le sacrement de réconciliation est sacrement de guérison intérieure, c'est indéniable. Mais il apporte aussi la guérison physique. Souvent c'est imprévisible. Le Seigneur a beaucoup d'humour.

> Ainsi cette dame se traînant de ses cannes à sa petite voiture s'est-elle vue guérie au sortir de sa confession. Elle se voyait toute légère et sans ses cannes, marcher en louant Dieu. Mais elle s'arrêta et me dit : ce n'est pas cela que je demandais, j'avais offert mes jambes à Jésus, je ne lui demandais que de l'aimer de tout mon coeur, mes jambes c'est secondaire. Oui, lui répondis-je, c'est vrai, mais si Jésus qui t'aime tant a voulu te faire cette bonne surprise, tu ne vas cependant pas la lui refuser ? Oh non, dit-elle, et elle repartit plus légère encore.

C'est bien normal que cette merveille soit arrivée à cette personne dans une confession, puisque la confession c'est une affaire d'amour entre Jésus et nous.

Voici un fait d'observation qui ne trompe pas : la pénurie actuelle de prêtres se traduit par un manque d'aumôniers dans les hôpitaux. Les médecins ont pu comparer cette situation avec celle des décennies précédentes. L'un d'eux a eu cette réflexion : "Depuis qu'il n'y a plus d'aumônier dans notre hôpital, certaines maladies ne finissent pas de traîner en longueur." Ce témoignage n'enlève rien au dévouement ni à l'efficacité des équipes de laïcs nommées dans les diocèses pour aider les malades. Personnellement, combien ai-je rencontré de malades qui ont vu leur guérison accélérée en retrouvant le moral. Pour le retrouver, il faut l'espérance. Et pour pouvoir envisager l'avenir autrement, combien il est important de décider de remettre sa vie passée dans les mains de Dieu. C'est là que la confession joue un rôle irremplaçable.

> Témoin ce chef d'entreprise ruiné, arrivant à une récollection bourré de médicaments pour remédier à sa dépression et son désir de mourir, et qui prit le temps de faire une bonne confession en demandant pardon de sa désespérance. Deux ans après, il revenait dans ce même centre spirituel, avec son épouse. Mais, cette fois, c'était pour remercier le Seigneur de sa guérison complète. Les médicaments absolument nécessaires l'avaient soigné, mais Jésus dans le sacrement de réconciliation l'avait guéri.

Jésus guérit les âmes, les esprits et les corps

La culpabilisation est source d'angoisse. Et toute inquiétude enlève une part de la santé ou empêche de la retrouver. Se confesser va-t-il contribuer à nous garder en bonne santé ? Certainement oui, puisque nous y trouvons la capacité de nous pardonner à nous-mêmes. On peut dire que recevoir le pardon de ses péchés est bien l'une des composantes de la santé. Les témoignages ne manquent pas ; il y a ceux qui s'entendent dire, suite à une bonne confession générale au cours de laquelle ils avaient pu remettre au Seigneur le poids de leur vie passée : il me semble que tu as rajeuni ! Ce qui est juste, le psalmiste le confirme :

> *"Bénis le Seigneur, ô mon âme,*
> *n'oublie aucun de ses bienfaits,*
> *lui qui pardonne toutes tes fautes,*
> *qui te guérit de toute maladie,*
> *qui te couronne d'amour et de tendresse (...),*
> *et comme l'aigle se renouvelle ta jeunesse"*
> (Ps 103, 2-5).

Aussi parfois, le pénitent et le prêtre demanderont ensemble la guérison physique au cours du sacrement ou à l'issue de celui-ci. Et les témoignages de guérisons obtenues ne manquent pas : par exemple une personne qui, ayant reçu le sacrement de pénitence, s'aperçoit les nuits suivantes qu'elle a retrouvé le sommeil, ou encore les mois suivants que ses crises de foie ont disparu. Ainsi ce prêtre qui témoigne :

> Déjà prêtre depuis plusieurs années, il y a vingt ans, je reçus l'effusion de l'Esprit. Quittant l'aveuglement, je fis une bonne confession de ma vie passée. Avec l'absolution, je reçus la guérison de mes angoisses. Maintenant, je peux témoigner que depuis ce jour-là je n'ai plus eu aucune crise de foie (vomissement de bile). De fait, j'ai reçu une grâce d'abandon à Dieu qui se trouve être le remède à mon tempérament bileux.

La guérison donnée par Jésus dans ce sacrement n'a rien d'anormal ; au contraire, il y aurait une question à résoudre si cette merveille n'arrivait plus jamais : Jésus aurait changé depuis la Palestine où il aimait tant faire les deux à la fois, convertir et guérir.

Mais bien évidemment, nous prions aussi pour les malades chez qui on n'observe pas d'évolution visible. La souffrance demeure pour eux. Alors où est Jésus ? - au coeur même de la souffrance, comme il était en croix. C'est là que nous, les bien-portants, sommes surpris du témoignage de paix profonde que nous apporte celui ou celle qui après un long calvaire s'en va vers le Seigneur. Et très souvent, c'est au cours du sacrement de réconciliation que ce grand malade avait reçu cette paix, comme seul Jésus peut la donner dans l'épreuve et la souffrance. Quoiqu'il en soit, nous ne nous trompons pas en faisant ce que Jésus nous a dit d'accomplir : *"Ils imposeront les mains aux infirmes et ceux-ci seront guéris"* (Mc 16, 18).

Il te faut croire autant à la guérison que Jésus veut te donner dans ce sacrement qu'à sa compassion qui te donnera en retour, de mieux l'aimer. Y croire réellement, c'est l'attendre. Mais pour l'attendre il faut avoir une grande confiance, celle d'un coeur d'enfant qui ne voit pas comment son papa ne lui donnerait pas ce dont il a besoin.

Pourquoi attendre la guérison, ou plus, la demander ? Parce que nos blessures engendrent ou favorisent souvent le péché en nous.

Alors, n'hésite pas à aller vers un prêtre qui fera pour toi cette prière de guérison dont tu as besoin. Mais attention, il n'y a rien de magique et la guérison est au-delà de la sensation (du moins immédiate). N'oublie pas qu'il te faudra toujours continuer à combattre spirituellement.

Et puis parfois, tu percevras assez vite, comme pour le paralytique, que Jésus n'a pas seulement pris ton péché, mais encore telle ou telle maladie physique ou morale qui te faisait souffrir, comme la dépression nerveuse, par exemple.

Pourquoi cela ? Tout simplement parce que Jésus t'aime et qu'il a choisi de t'aimer ce jour-là en prenant soin de ta santé. Une guérison physique donnée par Jésus est toujours surprenante. Personnellement, j'y crois beaucoup, et je l'ai vu. Nous l'avons vu, et avons rendu grâce, à la manière dont la foule a répondu au miracle de Jésus guérissant le paralytique : "Tous étaient stupéfaits et glorifiaient Dieu en disant : Jamais nous n'avons rien vu de pareil" (Mc 2, 12).

4- PARDON, CONSOLATION ET GUÉRISON ENGENDRENT LA PAIX

> *"Ainsi parle le Seigneur : voici que je fais couler vers Jérusalem la paix comme un fleuve, et comme un torrent débordant la gloire des nations"* (Is 66, 12).

C'est la volonté du Seigneur que la paix soit sur son peuple et dans tous les coeurs. La bénédiction confiée à Aaron et à ses fils demande cette paix pour tous les Israélites :

> *"Que le Seigneur te découvre sa face et t'apporte la paix ! Qu'ils mettent ainsi mon nom sur les Israélites, et je les bénirai"* (Nb 6, 26-27).

Les prêtres de l'ancienne alliance ont cette mission d'étendre la paix de Dieu sur le peuple tout entier. Dans la nouvelle alliance, les prêtres ont aussi ce pouvoir de répandre la bénédiction qui apporte la paix, tout spécialement dans l'administration des sacrements :
lors de l'eucharistie :
-"Que la paix du Seigneur soit toujours avec vous !",
lors du sacrement de réconciliation :
-"par le ministère de l'Eglise, qu'il vous donne le pardon et

la paix". Depuis le Concile Vatican II, l'Eglise a voulu que dans la formule d'absolution, le prêtre donne non seulement le pardon, mais encore la paix. Ce don de la paix se manifeste également pour le prêtre dans son accueil pour le pénitent, dans sa ferveur pendant l'aveu des péchés, dans les paroles de miséricorde que lui donne l'Esprit Saint et dans l'exhortation à la persévérance pour obtenir la victoire sur le démon dans les tentations. Le pénitent doit pouvoir repartir rassuré et le coeur en paix.

La compassion de Jésus passe par le prêtre

Ce ministère du prêtre suppose des qualités d'écoute qui sont avant tout l'oeuvre du Seigneur. C'est un ministère de compassion d'une grande beauté, mais aussi d'une grande exigence de sainteté. Dieu veut la libération et la paix du coeur pour tous ses enfants, et d'abord pour son prêtre.

C'est pourquoi le concile Vatican II a voulu rappeler la nécessité pour les prêtres de recevoir ce sacrement, et d'autre part la nécessité d'être disponibles aux fidèles pour ce même sacrement :

> "Les ministres de la grâce sacramentelle s'unissent intimement au Christ Sauveur et Pasteur lorsqu'ils reçoivent avec fruit les sacrements, spécialement par la confession sacramentelle fréquente : préparée par l'examen de conscience quotidien, celle-ci est un soutien très précieux pour l'indispensable conversion du coeur à l'amour du Père des miséricordes."[1]

1- Vatican II, *Le ministère et la vie des prêtres*, P. O. n°18, § 2.

Et pour les fidèles :

> "Que les curés se rappellent également l'immense profit du sacrement de pénitence pour le progrès de vie chrétienne ; aussi doivent-ils se montrer accessibles pour entendre les confessions des fidèles, faisant appel également en cas de besoin à d'autres prêtres, parlant différentes langues."[1]

Le saint curé d'Ars aimait parler de la paix de l'âme et il en connaissait bien le chemin. Sa compassion était grande envers tous ceux qui accouraient à lui pour son ministère : "Oh! que le pécheur est malheureux, il perd la paix de l'âme." Grâce au sacrement de pénitence, nous retrouvons la paix de l'âme. En effet, Dieu nous pardonne, mais aussi libère nos coeurs. Et il faut avoir fait l'expérience de cette paix retrouvée pour comprendre ce que ces mots veulent dire.

L'apôtre Paul nous parle de la paix profonde reçue dans la miséricorde. *"Dieu s'est plu à faire habiter en lui toute la Plénitude et par lui à réconcilier tous les êtres pour lui, aussi bien sur la terre que dans les cieux, en faisant la paix par le sang de sa croix"* (Col 1, 19-20). La paix que Dieu nous donne nous vient donc de la croix de Jésus, de son amour sans limite pour nous.

Jugement et condamnation disparaissent

Ainsi, dans le sacrement de réconciliation, la paix vient du pardon qui enlève toute trace de jugement et de condamnation.

1- Vatican II, *Christus Dominus*, la charge pastorale des évêques dans l'Eglise, n°30, § 2.

"Maintenant il n'y a plus de condamnation pour ceux qui sont dans le Christ Jésus" (Rm 8, 1).

La consolation, à son tour, enlèvera toute trace de tourment, d'inquiétude et de tristesse, et aura pour fruit la paix du coeur pour celui qui, se sentant toujours aussi fragile, a acquis la certitude d'un amour fidèle et indéfectible.

Enfin la guérison et la libération qui l'accompagne donnent au pénitent un coeur léger et, par la manière tangible avec laquelle il a été visité, l'assurance que le Seigneur agit dans sa vie. C'est une source inestimable de sérénité et de paix. La puissance du Dieu vivant est là dans le sacrement, accomplissant la promesse du prophète : *"Pour vous qui craignez mon nom, le soleil de justice brillera, avec la guérison dans ses rayons"* (Ml 3, 20).

Beaucoup sont tourmentés par des soucis qui ne les lâchent plus. Or, dans la confession il y a la guérison des scrupules et des angoisses. Ceux qui ne connaissent pas l'Evangile de la miséricorde craignent que la reconnaissance de leur péché ne les amène à la culpabilité et aux scrupules ; tandis que celui qui reconnaît sa faute devant Dieu en est libéré. Il sait que sa prière est exaucée : *"Une fois de plus, aie pitié de nous ! Foule aux pieds nos fautes, jette au fond de la mer tous nos péchés"* (Mi 7, 19). Et bien sûr, c'est pour ne plus aller les rechercher. Ce qui faisait dire au pasteur Thomas Roberts : "C'est là où il faut bien respecter la pancarte : Pêche interdite."

En effet, l'introspection peut fausser le jugement en repliant la conscience sur elle-même, mais il n'en n'est pas de même dans la préparation d'une confession où nous nous exposons au regard de la miséricorde divine. Nous constatons alors combien nous sommes durs avec nous-mêmes, mais combien Dieu est bon pour nous.

Remords et scrupules sont vaincus

Combien de tempéraments angoissés ou scrupuleux peuvent témoigner des bienfaits d'une bonne confession. Cependant, les pénitents ayant des scrupules ne doivent pas tomber dans les travers des confessions trop fréquentes pour essayer de se soulager la conscience. Il leur faut alors rester dans l'obéissance à leur confesseur qui leur fixe les dates de leurs confessions.

Dans le cas habituel, que se passe-t-il alors ? Il y a la grâce sacramentelle de la réconciliation qui touche les coeurs, mais également le psychisme. Encore faut-il y croire ! Et cela n'a rien à voir avec l'auto-suggestion. De fait, dans l'absolution il y a la guérison des remords et des scrupules qui engendrent les angoisses.

> Ainsi cette femme qui s'était éloignée de Dieu pendant des années, et qui venant de se convertir, a témoigné elle-même en public que le Seigneur, dans une bonne confession, venait de la libérer d'un remords de conscience terrible, dû à deux avortements successifs qu'elle avait commis vingt ans auparavant. Chaque fois qu'elle rencontrait des enfants de cet âge dans la rue, elle sombrait dans la tristesse. Une fois libérée, la voilà à ce point déculpabilisée qu'elle pouvait en témoigner devant tous et sans se voir jugée. Au moment de l'absolution, Jésus lui avait rendu la vie. Et elle pouvait enfin s'appuyer sur le Seigneur : *"Lui qui rend notre âme à la vie, et préserve nos pieds du faux pas"* (Ps 66, 9).

Aussi, le fidèle qui pratique ce sacrement avec ferveur et assiduité voit-il peu à peu tout son être parvenir à une paix profonde qui est l'oeuvre de la grâce de Dieu :

> *"Que le Dieu de la paix lui-même vous sanctifie totalement, et que votre être entier, l'esprit, l'âme et le corps, soit gardé sans reproche à l'avènement de*

Notre Seigneur Jésus-Christ. Il est fidèle celui qui vous appelle : c'est encore lui qui fera cela" (1 Th 5, 23-24).

Et c'est la paix de l'âme retrouvée

De plus, au coeur de cette paix, Dieu nous sanctifie. Le sacrement de réconciliation nous fait grandir en sainteté. Celle-ci est l'appel essentiel de nos vies auquel il n'est possible de répondre que par la grâce de Dieu, et cette grâce passe par le sacrement.

Celui qui a découvert la paix de l'âme vit de la paix véritable et peut la donner aux autres. Toutes les autres formes de paix dépendent de celle-là. C'est dans le sacrement de réconciliation que nous retrouvons cette paix de l'âme.

Trop souvent, des chrétiens très "donnés" sont tendus ou toujours en train de vérifier leurs attitudes vis-à-vis des autres. Ils ne sont pas "naturels", et pourtant ils sont psychologiquement bien équilibrés. Alors que leur manque-t-il ? Certainement l'abandon à Dieu, et pour cela de se confesser plus fréquemment, ou s'ils le font déjà, de se souvenir qu'en allant recevoir ce sacrement ils viennent aussi chercher cette paix profonde que Dieu veut leur donner. La paix de l'âme est un don que Dieu veut pour tous ses enfants, sans exception.

Cependant, il ne faudra jamais oublier qu'on ne vient pas se confesser pour un confort personnel : ce serait une grave déviation. On y vient pour faire la gloire de Dieu puisque "la gloire de Dieu c'est l'homme vivant", nous dit saint Irénée de Lyon.

Dieu nous guérit, comme Jésus le fit pour la belle-mère de saint Pierre, pour mieux servir : *"S'approchant d'elle, Jésus la fit se lever en la prenant par la main. Et la fièvre la quitta, et elle les servait"* (Mc 1, 31).

Ne crains pas de laisser monter en toi cette soif de paix. C'est Dieu qui l'y a mise. Ce n'est pas un désir égocentrique. C'est la volonté de Dieu sur toi. Laisse monter cette soif des plus grandes profondeurs de ton coeur et de ton âme. Pour cela, sois d'abord vigilant à cet égard. Dès que tu pressens que cette paix donnée par Dieu va t'échapper, interviens, invoque le Seigneur, par exemple comme ceci : "Jésus je m'attache à toi", car "c'est lui qui est notre paix"(Ep 2, 14).
Avec l'expérience, tu percevras que la paix de Dieu va te quitter quand tu délaisses son amour en obéissant au vieil homme. Prends garde alors de ne pas succomber à la tentation, ou encore de te laisser accabler par le fardeau. Sois vigilant, et réagis alors sans tarder.

La paix est d'abord un don de Dieu. "Je vous laisse ma paix c'est ma paix que je vous donne" (Jn 14, 27). Ta part à faire c'est de la conserver ou encore d'y revenir, de jour en jour, d'heure en heure, et de minute en minute. C'est ainsi que guérissent complètement les dépressions, les angoisses et le stress. Tu garderas ton tempérament fragile, ta tête qui n'est pas solide, ton coeur hypersensible, mais par la grâce de Dieu qui est fidèle, cette paix te sera toujours donnée et redonnée.
Aurais-tu commis le plus grand péché de la terre, Dieu est là pour te redonner la paix la plus complète et la plus belle, tout simplement parce qu'il t'aime et ne veut pas te voir vivre un instant de plus dans le tourment. Alors en décidant de revenir vers le Père, tu quitteras ta paralysie, et ton coeur se rouvrira à tes frères pour partager cette paix avec eux. Mais il te fallait croire à

cette paix et y travailler : "Évite le mal, fais le bien. Recherche la paix et poursuis-la" (Ps 34, 15).

5- DEUX COEURS QUI SE RETROUVENT ET C'EST LA FÊTE

Dans le sacrement de la réconciliation, il y a un avant et un après. Voici cette femme qui repart libérée, le visage rempli d'une joie profonde, et cet homme qui se relève de la confession avec pleine assurance. Cette joie et cette assurance, c'est le don du Seigneur venu remplacer le stress qui les tenaillait depuis des années ! N'allons pas dire, s'ils vont crier leur joie tout alentour, que leur enthousiasme est exagéré. C'est une joie évangélique : l'exultation du père qui retrouve l'enfant prodigue engendre une joie communicative. Que le Seigneur nous préserve de la tiédeur de ceux qui doutent de la toute-puissance de la grâce et essaient de réprimer l'enthousiasme de celui qui vient de sauver son âme. L'esprit défaitiste est contraire à l'esprit évangélique, parce qu'il prévoit la défaite et la morosité, alors que l'Evangile s'appuie sur la victoire de Jésus au matin de Pâques.

Un sacrement qui n'est jamais triste

"Rends-moi le son de la joie et de la fête : qu'ils dansent les os que tu broyas" (Ps 51, 10). Sur ce point, la parole de Dieu est précise : *"Mon fils que voilà était mort et il est revenu à la vie. Et ils se mirent à festoyer"* (Lc 15, 24).

Dieu veut que sa miséricorde aille jusqu'à arracher la racine du péché. C'est pour cela qu'elle éclate en joie dans le coeur de tout homme, du pénitent comme du prêtre. "*Que celui qui exerce la miséricorde le fasse en rayonnant de joie*", dit l'apôtre Paul (Rm 12, 8).

Le père de l'enfant prodigue se réjouissait à la pensée du retour de son fils. Il ne le voyait pourtant pas encore approcher mais au coeur de l'espérance, il y avait déjà de la joie. *Quand le père le vit de loin, il fut pris de pitié*, nous dit saint Luc,*il courut se jeter à son cou et l'embrassa tendrement* (Lc 15, 20), avant de commander une fête en l'honneur de celui *qui était perdu et maintenant retrouvé* (Lc 15, 24).

Avec la miséricorde du père, au-delà de la paix c'est sa joie que nous recevons dans le grâce du sacrement de réconciliation.

Un prêtre doit toujours être rempli de miséricorde, de paix et de joie : Dieu a déposé en lui ces trésors pour qu'il puisse les transmettre. Les sacrements actualisent la victoire de Dieu sur le monde, le mal et le Mauvais : "*Telle est la victoire qui a triomphé du monde : notre foi*" (1 Jn 5, 4). Le sacrement de la réconciliation est particulièrement un sacrement de la foi. Les pauvres et les pécheurs y ont accès à la vraie richesse : celle de l'amour de Dieu enfin retrouvé. Les affamés qu'ils sont peuvent dire avec Marie, Vierge des pauvres et Mère de miséricorde : "*Il a rassasié de biens les affamés, renvoyé les riches les mains vides*" (Lc 1, 53).

Dans ce sacrement, le bon berger a retrouvé sa brebis perdue.

> *Il assemble amis et voisins et leur dit : réjouissez-vous avec moi, car je l'ai retrouvée, ma brebis qui était perdue ! C'est ainsi je vous le dis, qu'il y aura plus de*

> *joie dans le ciel pour un seul pécheur qui se repent que pour quatre-vingt dix neuf justes, qui n'ont pas besoin de repentir* (Lc 15, 6-7).

Le jansénisme du siècle dernier qui a amené plusieurs générations à comparaître au "tribunal de la pénitence", se termine enfin. A partir d'une situation où tout semblait perdu (et qui ferait le jeu du diable), la miséricorde divine a tout "retourné" dans le bon sens, celui de la vie et de l'Amour qui se donne et se redonne encore. Il ne manque personne, ni le créateur ni sa créature, ni le Père, ni le fils : l'espérance est retrouvée, la fête est complète.

Il y a pourtant une ombre au tableau : le fils aîné qui revient des champs refuse d'entrer dans la fête. Ce n'est pas la fête qu'il refuse mais son frère cadet qu'il rejette. En lui refusant le pardon, il se coupe de la joie partagée et à son tour, du coeur du père. Finalement dans cette parabole, Dieu n'a pas deux sortes d'enfants : ceux qui ont bonne réputation et ceux qui ne l'ont pas. Tous sont pécheurs et ont besoin de découvrir sa miséricorde pour en vivre.

La fête de la vie triomphe de la mort

La fête fait partie intégrante de la miséricorde divine accordée au plus grand des pécheurs. C'est de cette façon que le Seigneur invite chacun à aimer tout homme avec son coeur de miséricorde à lui. Le sacrement de réconciliation reçu par un seul pécheur à la fois concerne l'humanité toute entière. C'est alors que la joie du ciel est donnée à tous et partagée par tous.

Suite au repentir du pécheur, l'assemblée est convoquée pour la fête. Ce dernier temps du sacrement de réconciliation est difficile à réaliser dans de nombreux cas. Voici cependant ce qui existe :

> Grâce à l'initiative d'un curé de paroisse urbaine, il y a quinze ans que la chose est vécue chaque samedi. Voici comment : Tous ceux qui le peuvent sont convoqués le samedi après-midi à venir passer un moment de prière devant l'autel du Saint-Sacrement. Louanges, *"psaumes, hymnes et cantiques inspirés"* (Col 3, 16) et action de grâce se succèdent. En face, dans l'autre chapelle, le curé de la paroisse reçoit les pénitents, un à un, pour la confession. Ensuite il les invite à aller rejoindre pour quelques minutes l'assemblée de prière et à s'y joindre autant qu'ils peuvent. Et c'est la fête ! Sans même avoir besoin de savoir quel est le nom de ce frère, il est accueilli. Le temps n'est pas aux discours mais à l'action de grâce. Et c'est la joie du ciel, celle dont nous parle saint Luc lorsque le bon berger qui a retrouvé sa brebis perdue invite tous ses amis à se réjouir (cf. Lc 15). Le sacrement se termine alors en "beauté". Et qui ne désirerait alors de nouveau aller se confesser ?

Une telle façon de pratiquer le sacrement jusqu'au bout pourrait peut-être poser question à certains. Mais la vraie question n'est-elle pas celle de tous ces endroits où cette grâce combien paroissiale et certainement très évangélique est impossible à vivre, ou encore celle de ces endroits où le démarche serait possible, mais où l'on n'a pas encore osé la proposer.

Le sacrement de réconciliation est la fête de la vie. Et peut-il y avoir une joie plus grande que celle de passer de la mort à la vie ? Saint Paul proclame l'action puissante du Christ ressuscité en nous : *"Le Christ une fois ressuscité ne meurt plus, la mort n'a plus de pouvoir sur lui. Sa mort fut une mort au péché une fois pour toutes... Vous de même, considérez que vous êtes morts au péché et vivants à Dieu dans le Christ Jésus"* (Rm 6, 9-11), vivants de la vraie vie, de la vie éternelle.

Celui qui vient de recevoir le sacrement de réconciliation doit toujours avoir le coeur en fête. Pourquoi ? Parce que renoncer au péché, c'est quitter la tristesse. Souvent aussi dans une bonne confession, on a pu enfin déposer son fardeau, on en sort soulagé et la joie est revenue.

Mais pour toi qui a déjà expérimenté ce chemin de la joie retrouvée, le Seigneur veut t'emmener plus profondément encore dans cette joie déjà si belle. En effet, une fois le péché enlevé, il y a bien plus à vivre que de se sentir le coeur léger. L'obstacle entre Dieu et nous est tombé, c'est la joie des retrouvailles entre deux coeurs faits pour s'aimer, et ceci pour l'éternité. La joie de la libération est formidable mais la joie de l'amour retrouvé est encore plus belle et plus profonde. C'est celle-là qui te donnera la force de ne plus quitter l'être aimé à l'avenir.

Toi qui vis régulièrement ce sacrement, vois maintenant à quelle vraie joie le Seigneur t'invite. C'est celle de te rapprocher de Jésus, le Bien-aimé de ta vie, avec lequel tu avais pris de la distance, ou contre qui tu t'étais laissé aller à la révolte. Jésus, lui, t'a toujours aimé fidèlement.

Ce n'est plus une joie ordinaire, c'est la joie du ciel que le coeur de Jésus te communique, une joie immense retrouvée par le chemin de ce grand sacrement que Dieu a confié à son Eglise. En un premier temps c'est la joie personnelle de la brebis heureuse d'être retrouvée.

Ensuite elle découvre que c'est aussi la joie du bon berger qui a retrouvé sa brebis. Et sa joie au lieu d'être possessive devient très vite reconnaissante. Puis la brebis qui était perdue se laisse à nouveau aimer par son berger. Car tel était bien le but de la miséricorde divine : bien autre chose que l'effacement du péché, c'est la communion dans l'amour mutuel enfin retrouvée !

Tu vois mieux maintenant qu'après avoir quitté le prêtre, la grâce du sacrement reçu n'est pas terminée. A cause de cela, il te faudra toujours prendre un temps personnel avec Jésus pour vivre avec lui cette joie intérieure des retrouvailles. Car la joie de ta vie, ce n'est pas le pardon, mais Jésus lui-même. Le jour où tu arriveras à te séparer complètement d'un mauvais péché, la joie de ton coeur ne sera pas uniquement celle d'avoir coupé un mauvais lien mais bien celle d'appartenir enfin davantage à Jésus. Suite à une bonne confession, il te faudra toujours prendre le temps de faire cette fête dans un coeur à coeur avec Jésus. Alors tu retourneras te confesser sans que personne soit obligé de te le dire. Et puis par-dessus tout, tu auras eu le plaisir de faire la joie du Bien-Aimé qui attendait ton retour pour que tu lui renouvelles l'offrande de ta vie.

Sainte Thérèse ne regardant plus à elle-même, le coeur tout entier tourné vers son Bien-aimé, fit cette expérience la nuit de Noël 1886 :
"Je sentis en un mot la charité entrer dans mon coeur, le besoin de m'oublier pour faire plaisir, et depuis lors

je fus heureuse."[1]
Dans ce grand sacrement, Dieu lui-même fait entrer la charité dans notre coeur. C'est alors qu'en nous, tout est changé.

1- Manuscrits autobiographiques, p. 117.

CHAPITRE IV

Rayonner la Réconciliation

"Il te renouvellera par son amour,
Il dansera pour toi
avec des cris de joie"
(So 3, 17)

CHAPITRE IV

1- Une soif d'amour jusqu'au désir du ciel
2- Pour la beauté de l'Eglise
3- Pour le salut du monde
4- Pour ce sacrement, un sacerdoce
5- Au-delà du pardon, la réconciliation

Le sacrement de réconciliation est trop grand pour qu'il se résume au seul moment où nous le recevons. Nous l'avons remarqué d'étape en étape, en le remettant bien au coeur de l'histoire de notre salut.

Ce sacrement nous propulse aussi au-delà de nous-mêmes, faisant de nous des artisans de la réconciliation :

> *"Il nous a confié le ministère de la réconciliation.., nous sommes donc en ambassade pour le Christ"* (2 Co 5, 18, 20).

Dans notre monde divisé, le Seigneur a mis une soif de réconciliation et d'unité. Mais comment pourra-t-elle se réaliser sinon par la sainteté de l'Eglise, et dans son désir ardent de voir venir le salut du monde ?

Au coeur de cette soif d'amour vécue en Eglise, il y a la place indispensable du sacrement de réconciliation. Pour cela, il faut un autre sacrement : celui du sacerdoce, avec le ministère irremplaçable du prêtre au service des fidèles. S'accomplit alors la grâce inimaginable et incommensurable qui dynamise le coeur de l'homme, l'entraînant à la suite du Christ, jusqu'à la folie de l'amour : la réconciliation absolue.

1- UNE SOIF D'AMOUR JUSQU'AU DÉSIR DU CIEL

Le ciel, encore appelé vision béatifique, se prépare sur terre en travaillant à la sainteté par la croissance spirituelle. Et le sacrement de réconciliation est indispensable à notre vie spirituelle. Si bien que toute confession est ordonnée à l'éternité, pour mieux dire au bonheur éternel.

A chaque confession c'est un pas de plus vers le ciel

Finalement, le désir du ciel est le moteur de nos confessions. Nous réconcilier avec Dieu prépare au mieux ce moment où, enfin, nous le verrons face-à-face. Pour cela le Seigneur a mis en nous la soif d'être "justifiés" à la façon dont le publicain descendit chez lui "justifié" pour avoir fait l'humble prière : *"Mon Dieu, aie pitié du pécheur que je suis"* (Lc 18, 13-14).

Alors nous comprenons mieux les Béatitudes qui, comme leur nom l'indique, nous donnent déjà sur cette terre une part du bonheur éternel. Si nous laissons monter en nous ce désir et cette soif, nous nous préparons au ciel avec la générosité spontanée et le courage nécessaire, qui ne nous laisseront jamais déçus, puisque Dieu est toujours fidèle à ses promesses.

"Bienheureux les affamés et assoiffés de justice, car ils seront rassasiés" (Mt 5, 6) nous dit Jésus. Il s'agit de ceux qui n'ont qu'un désir, et un désir brûlant, celui d'être "ajusté" au coeur de Dieu. C'est la soif de la sainteté. Et, en ce cas, Jésus est formel : ils seront rassasiés.

Pour cela une seule condition est nécessaire : attendre tout de Dieu, tout de sa miséricorde qui ne nous manque jamais puisqu'elle est infinie. Autrement dit, avoir les mains vides et tout recevoir : *"Les pauvres mangeront et seront rassasiés"* (Ps 22, 27). *"Tu ouvres la main et ils se rassasient"* (Ps 104, 28). Sainte Thérèse de l'Enfant-Jésus le dit bien dans son acte d'offrande à l'amour miséricordieux :

> "Au soir de cette vie, je paraîtrai devant vous les mains vides, car je ne vous demande pas, Seigneur, de compter mes oeuvres. Je veux donc me revêtir de votre propre **justice**, et recevoir de votre **amour** la possession éternelle de **vous-même**."[1]

Ceux qui ne sont pas vraiment assoiffés d'amour se trouvent peut-être encore trop riches d'eux-mêmes. Il y a aussi ceux qui n'envisagent l'amour que pour un temps, ceux qui essaient de se faire une raison en pensant que ce qui a été perdu un jour le sera pour toujours. Ils se rendent eux-mêmes malheureux : ils ignorent l'indulgence, le pardon et la miséricorde.

Ceux qui sont véritablement assoiffés d'amour comptent sur la miséricorde divine qui est inépuisable, et acceptent humblement que Jésus ait "racheté" leurs fautes.

...en travaillant à la sainteté

Le but de la confession fréquente c'est la recherche de la **sainteté**, appelée encore "justice" dans l'Evangile : *"Cherchez d'abord le royaume de Dieu et sa sainteté"* (Mt 6, 33).

1- Manuscrits autobiographiques, p. 308.

Lorsqu'il constate les nombreuses fois où il a pris le chemin inverse du salut, celui qui aspire à la sainteté a tôt fait d'aller se confesser.

Notre soif d'amour se mesure à l'intensité du désir que nous avons du ciel. Ce que le Seigneur veut pour chacun de nous ce n'est pas d'abord que nous soyons focalisés sur le péché à éviter, mais que nous ayons soif du bonheur éternel et le préparions sur la terre. *"Mon âme a soif de Dieu, du Dieu vivant ; quand irai-je et verrai-je la face de Dieu ?"* (Ps 42, 3).

Les saints nous en montrent le chemin. Sainte Thérèse de l'Enfant Jésus, "au soir de ce beau jour" comme elle nomme sa première communion, va rendre visite à sa grande soeur Pauline, entrée au carmel, et résume ainsi la soif immense qui était dans son coeur : "Ah ! Ma joie fut sans amertume, j'espérais la rejoindre bientôt, et attendre avec elle le ciel !"[1]

Nous avons été créés pour la louange éternelle : *"Que toutes tes oeuvres te bénissent dans l'éternité"* (Tb 3,11). Et pour cela nous a été donné l'*"Esprit Saint qui prépare la rédemption du peuple que Dieu s'est acquis pour la louange de sa gloire"* (Ep 1, 14). Nous recevons le don du salut en décidant d'entrer dans ce mystère de rédemption, là où *"le sang de Jésus nous purifie de tout péché"* (1 Jn 1, 7).

Le désir ardent du ciel doit être au coeur de toutes nos confessions. De fait, celle que je fais aujourd'hui peut être la dernière avant le face-à-face avec mon Dieu. Quelle grâce de paraître devant Dieu le coeur purifié ! D'où l'importance de recevoir les "derniers sacrements" à la fin de notre vie. Combien

1- Manuscrits autobiographiques, p. 94.

de chrétiens désirent alors recevoir ces trois sacrements ? Le prêtre prend le temps de donner successivement le sacrement de pénitence, le sacrement des malades et la sainte eucharistie au malade qui se voit partir. C'est la grâce des grâces, celle qui couronne une vie : pouvoir s'en remettre complètement au Seigneur. C'est le retour de l'enfant prodigue vers la maison du Père : *"Maintenant, Souverain Maître, tu peux, selon ta parole, laisser ton serviteur s'en aller en paix"* (Lc 2, 29).

Le ciel, le purgatoire et l'enfer

Mais il est impossible de parler du bonheur du ciel sans redire que l'enfer existe, ainsi que le purgatoire, comme nous le dit le *Catéchisme des Évêques de France* :

> "Le **ciel** est l'accomplissement de la vie, la plénitude de vie dans l'amour de Dieu Trinité et de nos frères. La Bible exprime cette plénitude : le ciel est béatitude éternelle pour l'homme, participation plénière à la vie même de la Trinité, vision de Dieu face-à-face (cf. 1 Co 13, 12), joie et paix sans fin. Le langage de l'Apocalypse laisse entrevoir un état de lumière et de vie (cf. Ap 21, 1-4; 22, 3-5).
> Et encore : "Le bonheur du ciel n'est pas un bonheur solitaire. Communion avec Dieu, il est aussi communion avec tous ceux qui vivent de l'amour de Dieu, de son Esprit, avec ceux qui sont sur terre et avec ceux qui n'y sont plus. Il est la réalisation achevée de la **communion des saints**."[1]

1- *Catéchisme des Évêques de France*, n° 662.

Pour parvenir à cette contemplation de Dieu, une "étape" de purification, appelée purgatoire, peut être nécessaire. Il ne s'agit ni d'un lieu, ni d'un temps ; on peut parler plutôt d'un état. En tout cas, le purgatoire, qui est bien une peine, n'est pas à concevoir comme une punition, par laquelle Dieu se vengerait en quelque sorte de nos infidélités. La communion avec Dieu, dans laquelle nous introduit la mort, nous fait prendre conscience douloureusement de nos imperfections et de nos refus d'aimer, et du besoin de nous laisser purifier par la puissance salvatrice du Christ.
C'est Dieu lui-même qui purifie et transforme. Mais la Tradition de l'Eglise catholique affirme que ceux qui sont au purgatoire bénéficient des prières et des supplications adressées en leur faveur à Dieu par leurs frères, et aussi de l'intercession des saints déjà introduits dans la béatitude de la vision de Dieu."[1]

Le jansénisme du siècle dernier n'a plus cours. L'enfer n'est plus une menace, mais demeure une vérité affirmée dans l'Evangile :

"L'**enfer** est l'aboutissement d'un refus absolu de Dieu et de tout secours offert par lui. Il est négation de la vie et de la joie que Dieu propose... Personne ne peut affirmer que tel homme soit par sa propre faute en enfer. Mais l'enfer indique que l'homme a la possibilité de refuser définitivement la vie offerte par Dieu."[2]

1- ibid., n° 660.
2- ibid., n° 663.

Écoutons le saint curé d'Ars nous parler de l'enfer non en paroles terrifiantes mais en termes d'amour : "Je vous aime, ô mon Dieu, et je n'appréhende l'enfer que parce qu'on n'y aura jamais la douce consolation de vous aimer" (Acte d'amour du curé d'Ars). De fait la Parole de Dieu nous dit :

> *"Il n'y a pas de crainte dans l'amour ; au contraire, le parfait amour bannit la crainte, car la crainte implique un châtiment et celui qui craint n'est pas parvenu à la perfection de l'amour"* (1 Jn 4, 18).

Pour grandir dans la sainteté, il te faut en prendre le bon chemin : la confession fréquente se trouve sur ce chemin qui donne la croissance spirituelle. Elle n'est pas le seul moyen, c'est évident, mais elle est indispensable à la recherche de la sainteté. En trop d'endroits où l'on ne parle plus de ce sacrement, il y a également très peu d'appels pressants à la sainteté. Et qu'est devenu alors le désir du ciel ?

Viens et reviens toujours au désir du ciel, il te donnera cette grande soif d'amour de Dieu qu'engendre la sainteté. Voyant ta misère, tu trouveras toujours dans le sacrement de réconciliation l'assurance d'être sur le bon chemin, dans la joie anticipée du Royaume. En un mot, pour bien te confesser, il te faut d'abord un désir ardent du ciel.

2- POUR LA BEAUTÉ DE L'ÉGLISE

Tout chrétien est devant un choix : "*Large et spacieux est le chemin qui mène à la perdition, et il en est beaucoup qui s'y engagent ; mais étroite est la porte et resserré le chemin qui mène à la Vie, et il en est peu qui le trouvent*" (Mt 7, 13-14). C'est un choix de vie.

Soumis à une exigence d'amour

Tout homme qui se tourne vers Dieu prend conscience de sa misère. Et il est invité à la démarche de pratiquer les commandements, et non pas d'abord d'éviter le péché : "*Si tu écoutes les commandements du Seigneur ton Dieu que je te prescris aujourd'hui et que tu aimes le Seigneur ton Dieu, que tu marches dans ses voies, que tu gardes ses commandements, ses lois et ses coutumes, tu vivras et tu multiplieras*" (Dt 30, 16).

En ce sens, écoutons un évêque de France nous dire l'enjeu de la fin de ce XXème siècle :

> "Peut-être est-ce l'extraordinaire intuition du Papc Jean-Paul II qui veut inviter les humains à se rendre au Sinaï pour l'ouverture du troisième millénaire du christianisme ? La question posée à la société française est la suivante : France, veux-tu encore obéir aux dix commandements ? Le veau d'or ou les tables de la Loi du Sinaï, tel est le choix, aujourd'hui encore."[1]

1- Mgr Georges Gilson, dans : *La Croix*, 20 mai 1994.

Devant un tel dilemme, le choix n'est pas facile. Chacun sait l'inconstance de la créature : *"Car votre amour est comme la nuée du matin, comme la rosée qui tôt se dissipe"* (Os 6, 4).

De siècles en siècles, le sacrement de pénitence donne au peuple de Dieu de revenir de l'esclavage du veau d'or à l'adoration du vrai Dieu avec la pratique de ses commandements.

L'Eglise est l'épouse du Christ : le Concile Vatican II nous le rappelle. Saint Paul nous l'enseigne en nous exprimant le désir du Christ pour son épouse :

> *L'Eglise, il s'est livré pour elle, afin de la sanctifier en la purifiant par le bain d'eau qu'une parole accompagne ; car il voulait se la présenter à lui-même toute resplendissante, sans tache ni ride ni rien de tel, mais sainte et immaculée* (Ep 5, 25-27).

Sanctification et purification

La sanctification de l'Eglise, c'est la sanctification de tous les chrétiens. En la désirant et en y travaillant, chaque chrétien contribue à la beauté de l'épouse du Christ à laquelle nous appartenons. Paul invite tous les couples chrétiens à entrer dans cette grâce qui est également celle de tous les baptisés. Nous sommes membres de cette Eglise et destinés à être les bien-aimés de son coeur.

C'est parce que nous sommes baptisés que nous avons la charge de faire l'Eglise plus belle. A chaque confession, Jésus vient nous purifier dans ce "bain d'eau" dont nous parle saint Paul, et qui avait été annoncé par le prophète : *"Je répandrai sur vous une eau pure et vous serez purifiés"* (Ez 36, 25).

La parole qui "accompagne" cette purification est prononcée par le prêtre lui-même dans l'absolution. Chacun y trouve un "coeur nouveau" grâce à la toute-puissance du Saint-Esprit qui accomplit la promesse : *"J'ôterai de votre chair le coeur de pierre et je vous donnerai un coeur de chair"* (Ez 36, 26).

C'est ainsi qu'à chaque confession, nous allons blanchir la robe nuptiale de notre baptême, et accomplir pour notre part le désir suprême de l'Epoux pour son Eglise, qu'elle soit belle et "toute resplendissante".

Toute purification personnelle est ainsi chemin de sanctification pour notre Eglise, appelée à être elle-même "sainte et immaculée". Pour cela, le sacrement de pénitence est indispensable. Il est ce lieu privilégié que le Seigneur lui-même a institué, pour purifier le coeur de ses disciples. Cette source de grâce concerne le prêtre mais aussi chacun de nous et finalement aussi toute l'Eglise. Les bons effets que nous en retirons dépassent de beaucoup notre petite personne. C'est la beauté et la richesse du corps mystique du Christ. L'effort de chacun engendre la croissance spirituelle de tous.

Dans des célébrations communautaires

Aussi de temps à autre, le sacrement pourra-t-il être donné par le prêtre au sein de célébrations communautaires. C'est toute la communauté chrétienne, la paroisse, qui entre dans la grâce de la repentance, en écoutant la parole de Dieu, l'homélie du prêtre, et en chantant de tout son coeur des chants de repentance et d'action de grâces. Au moment choisi de la célébration prendra place le sacrement lui-même avec l'aveu personnel des péchés et la réception de l'absolution.

N'oublions pas non plus que cette grâce de miséricorde est aussi donnée par d'autres voies. La foi que nous avons dans les sacrements ne saurait nous faire oublier les sacramentaux. C'est le cas au début de chaque eucharistie, par exemple : le "je confesse à Dieu", le "Seigneur prends pitié" et l'eau bénite purificatrice. Le prêtre lui-même dit : "Que Dieu tout-puissant nous fasse miséricorde, qu'Il nous pardonne nos péchés et nous conduise à la vie éternelle."

La liturgie s'ajoute encore au sacrement. De même la prière des heures du bréviaire va d'intercession en intercession pour implorer la miséricorde divine. Il ne faut jamais extraire le sacrement de réconciliation de son contexte. Il est reçu en Eglise : "Par le ministère de l'Eglise, qu'Il vous donne le pardon et la paix...", nous dit le prêtre à chaque absolution.

L'Eglise n'est pas une marâtre qui enseignerait des règles à observer sous peine de condamnation. Elle est une mère remplie de tendresse et qui la donne à tous ses enfants. Elle veille sur eux et leur transmet de la part du Seigneur tout ce dont chacun a besoin. Beaucoup sont en recherche, d'autres sont désemparés. C'est ici qu'il est important d'écouter l'enseignement de notre Pape et de nos évêques.

Pour tous ceux qui sont baptisés, l'Eglise demande la grâce de revenir à la lumière avec une grande soif de la parole de Dieu et des sacrements. Et lorsque l'un ou l'autre a pu s'éloigner de son Seigneur et de l'Eglise, le sacrement de réconciliation n'est-il pas le premier pas à faire, à la façon de l'enfant prodigue, pour se convertir ? Le salut du monde passe par la réconciliation. A cause de cela, il n'y aura pas de nouvelle évangélisation sans un retour avec ferveur vers le sacrement de pénitence. Les sanctuaires de nos pèlerinages, les hauts lieux spirituels et les communautés accueillant des retraitants le vérifient chaque jour.

L'avenir de nos paroisses

C'est également l'avenir de la paroisse. La confession fréquente met en fuite l'ennemi, principal adversaire de la communauté chrétienne. De même un couple qui se confesse fréquemment est protégé de bien des déboires. Ce sacrement est pour les époux le paratonnerre de leur fidélité promise pour la vie. Le laïcat ne sera évangélique et missionnaire que s'il revient à une vie spirituelle profonde et donc à ce sacrement qui lui est indispensable.

Les communautés et les paroisses qui vivent la pratique de la confession avec ferveur progressent très vite dans l'amour de Dieu. La démarche personnelle demeure essentielle, mais elle se trouve encouragée par le berger de la communauté ou le pasteur de la paroisse qui prend soin de ses brebis. Le pasteur est là pour exhorter et rappeler la nécessité du sacrement. Mais les fidèles entre eux doivent également se porter dans la prière, et finalement s'y encourager les uns les autres dans la discrétion.

> Témoin cette jeune fille se mettant dans la file où chacun attendait avec patience le moment où il allait recevoir le sacrement. Arrive son tour : "Monsieur l'abbé je ne me suis jamais confessée. Apprenez-moi à le faire." Tu connais tes prières, le Notre Père, le Je vous salue Marie, tu as fait ta communion ?" "Oui, Monsieur l'abbé, mais je ne me suis jamais confessée à un prêtre."
> L'objet de sa confession demeure le secret de Dieu et du prêtre. Mais il fallait parler d'un cas comme celui-ci pour dire d'où était venue cette grâce. La communauté où elle était venue chanter les vêpres prolongeait la prière. Et dans la louange son coeur avait été touché. C'est cela la communion

des saints. Et elle venait de dire à son fiancé plus "pratiquant" qu'elle : "J'irais bien me confesser, je veux y aller, mais je ne sais pas le faire."
Le Seigneur sait, lui, comment on doit se confesser, et il n'a pas mis longtemps à le lui apprendre par la bouche du prêtre. Et celui-ci constata une fois encore qu'une âme de plus arrivait à Dieu, portée jusqu'à lui par la puissance de la louange d'un peuple rassemblé pour proclamer les merveilles de Dieu. Mais il fallait aussi la disponibilité d'un prêtre pour lui donner la grâce sacramentelle, pour couronner cette belle soirée mémorable pour elle.

Une intense vie spirituelle pour les fidèles laïcs

Nous vivons un temps merveilleux où l'Eglise retrouve tout ce qui est de l'ordre de la grâce, après l'avoir non pas perdu, mais oublié ou négligé, par manque de foi, il faut bien l'avouer. Le cardinal Thiandoum, rapporteur du synode pour les laïcs, concluait en disant :

> "Sans une intense vie spirituelle, l'aliment nécessaire manque aux fidèles laïcs pour remplir leur vocation et leur mission ecclésiale. La place concrète qu'ils occupent dans les différents domaines de la vie du monde rend perceptible l'urgence d'une vie spirituelle christocentrique recentrée sur le mystère de l'incarnation et fréquemment confortée par l'eucharistie et le sacrement de réconciliation."[1]

En 1975, le Pape Paul VI terminait son exhortation apostolique sur l'évangélisation du monde moderne par ces mots :

1- *Documentation catholique*, p. 1040, n° 1950, 15 nov. 1987

"Gardons la ferveur de l'Esprit", gardons la douce et réconfortante joie d'évangéliser, même lorsque c'est dans les larmes qu'il faut semer.., que ce soit la grande joie de nos vies données."[1]

Le sacrement de réconciliation est la force de l'Eglise dont il rassemble les membres : *"Appliquez-vous à conserver l'unité de l'Esprit par ce lien qui est la paix"* (Ep 4, 3). Et lorsque la faute a été commise, écoutons ce que l'Esprit dit à l'Eglise de Laodicée : *"Sois donc fervent et repens-toi"* (Ap 3, 19). Effectivement, il n'y a pas de repentir sans ferveur.

La *"ferveur de l'Esprit"* (Rm 12, 11) dont parle Paul, est la clef de ce grand sacrement vécu en Eglise et pour l'Eglise. Elle est d'abord personnelle, ensuite communautaire, enfin missionnaire. Elle a sa source dans la miséricorde divine reçue avec recueillement.

Tu as la joie d'appartenir à l'Eglise du Christ : ce n'est pas de l'orgueil ni du triomphalisme collectif. L'Eglise est l'épouse du Christ. Tu la veux belle et c'est tout à la gloire de l'Epoux. Tu es sur cette terre pour faire la gloire de Dieu.

Ce n'est pas ton incapacité à remplir une si grande tâche qui est à craindre, mais le péché qui t'en empêche et qui est à dénoncer. Chaque fois que tu vas te confesser, tu dénonces ce péché et tu le regrettes. Jésus te pardonne

1- Exhortation apostolique *Evangelii Nuntiandi*, n° 80.

et embellit un peu plus son Eglise. "Un saint qui s'élève, élève le monde."

Chaque fois que tu te confesses, c'est donc un surcroît de vie pour l'Eglise toute entière. Fortifiée par les sacrements dont celui que tu viens de recevoir, elle va pouvoir devenir efficace pour convertir le monde, même si le sacrement a été reçu dans la plus grande discrétion.

D'une confession à l'autre, tu te rapproches de plus en plus de Jésus, et c'est la grâce fondamentale qu'il fallait pour faire un bon évangélisateur, témoignant de Jésus par ses actes et sa parole.

3- POUR LE SALUT DU MONDE

Par le sacrement de réconciliation, Jésus purifie l'Eglise son épouse, qu'Il rend toute belle. Certes, c'est bien pour qu'elle fasse la joie de l'Epoux son Bien-aimé. Mais c'est aussi pour qu'elle accomplisse la mission qu'elle a reçue. Et la voici tournée toute entière vers l'évangélisation. Ce n'est pas son entreprise à elle, mais celle de l'Esprit Saint. A travers elle et par elle, Dieu fait son oeuvre dans le monde. Et ce monde est à sauver du péché, du mal et de la mort. Cela n'est possible que par la purification, le pardon et la réconciliation. Et l'Eglise en a reçu la responsabilité.

L'Église au service du monde

Elle existe et s'organise pour cela. Elle ne doit donc pas craindre le reproche fait par les incrédules d'avoir une activité propre et qui soit visible pour le salut du monde. Elle doit demeurer humble, mais ne jamais être timide. Au contraire, elle a le devoir de témoigner et aussi d'enseigner d'où vient le véritable amour, comment le pratiquer et comment le retrouver lorsqu'il a été perdu.

Le Concile Vatican II a bien signifié comment l'Église devait être servante au coeur de ce monde, mais pour un service bien précis et sans équivoque : le sauver.

> "Aucune ambition terrestre ne pousse l'Église, elle ne vise qu'un seul but : continuer, sous l'impulsion de l'Esprit consolateur, l'oeuvre même du Christ, venu dans le monde pour rendre témoignage à la vérité, pour sauver, non pour condamner, pour servir, non pour être servi."[1]

L'Église est missionnaire. Ce n'est pas une formule vague et générale ou seulement un sentiment qui doit être dans le coeur des chrétiens. C'est une conviction profonde qui doit saisir la vie de tous les membres de l'Église sans exception, quels que soient leur vocation, leur ministère, leurs talents ou leurs charismes. La grâce la plus grande pour un baptisé étant d'avoir été sauvé par Jésus, qui l'a réconcilié avec l'amour du Père, il n'aura de cesse que tous ses frères arrivent au même bonheur, celui d'un coeur pardonné et réconcilié. Comme

1- *Gaudium et Spes*, n° 3, § 2.

nous le dit saint Jude, l'essentiel est que nous soyons tous *prêts à recevoir la miséricorde de Notre Seigneur Jésus-Christ pour la vie éternelle* (Jd, 21).

La soif des âmes dans le coeur de tous les baptisés

Autrement dit, tout baptisé qui entre dans la grâce de la réconciliation sauve son âme mais immédiatement après, Dieu ouvre son coeur aux dimensions du monde et lui donne de voir que les autres aussi ont été créés pour le bonheur éternel.

C'est alors la soif des âmes qui naît dans le coeur du chrétien fervent. Voilà d'où viennent les vocations missionnaires. La vie apostolique est liée au sacrement de réconciliation, sinon elle n'est pas. Cette vie offerte peut rester très généreuse mais est-elle bien évangélisatrice ? Est-ce que je pratique régulièrement ce sacrement selon l'invitation de Jésus ? Ma vie est-elle apostolique ? Le but de ma vie est-il d'amener des âmes au salut ? *"Et tous ceux-là embrassèrent la foi, qui étaient destinés à la vie éternelle"* (Ac 13, 48).

Quand l'homme se réconcilie avec Dieu, c'est toujours pour le moment présent et pour la vie éternelle. Le Seigneur nous y invite et nous y attire : *"Tu m'apprendras le chemin de vie, devant ta face, plénitude de vie, en ta droite, délices éternelles"* (Ps 16, 11).

Sur cette terre, nous vivons d'abord de la vie du Christ. Par la réconciliation avec lui, Il nous la donne et nous la redonne. Dès ici-bas tout est déjà changé pour nous qui mettons notre espérance en Lui :

> *"Du moment que vous êtes ressuscités avec le Christ, recherchez les choses d'en-haut, là où se trouve le Christ, assis à la droite de Dieu. Soyez aux choses d'en-haut non à celles de la terre"* (Co 3, 1-2).

A cause de cela, si nous ne sommes pas en plein accord avec le coeur du Seigneur notre Bien-aimé, nous irons vite nous réconcilier avec Lui. Et puis, le premier frère que nous rencontrerons et qui a besoin lui aussi de cette réconciliation, nous prierons pour lui, nous ferons quelque chose pour lui. Il ne doit pas en rester là, Dieu ne le veut pas. Et c'est l'évangélisation. *"Qui vient à tomber, qu'un feu ne me brûle ?"* (2 Co 11, 29), nous confie saint Paul. Avec Jésus, il nous faut toujours haïr le péché et surtout aimer le pécheur. Pour cela, il nous faut prier, mais aussi agir, pratiquer la charité à son égard.

Et c'est ainsi que loin de le juger, voyant bien que nous sommes encore plus pécheurs que lui, nous ferons notre salut en même temps que le sien, car *la charité couvre une multitude de péchés* (1 P 4, 8).

Mission, évangélisation et vocation

Sainte Thérèse de l'Enfant-Jésus, patronne des missions, nous enseigne cette soif des âmes qui fit l'objet de toute sa vie offerte au Seigneur. A son retour du pèlerinage à Rome où elle était allée, à quatorze ans, jusqu'aux pieds du Souverain Pontife pour lui demander l'autorisation d'entrer au Carmel, elle tire cette leçon en se souvenant de la beauté du voyage :

> "Mon coeur avait contemplé les beautés de la terre, celles du ciel étaient l'objet de mes désirs, et pour les donner aux âmes je voulais devenir prisonnière !"[1]

Cinq mois plus tard elle entre au monastère et elle écrit :

> "Ce que je venais faire au Carmel je l'ai déclaré aux pieds de Jésus Hostie dans l'examen qui précédait ma profession. Je suis venue pour sauver les âmes et surtout afin de prier pour les prêtres."[2]

Moniale, la voilà qui va vivre de cette soif des âmes, se rapprochant fortement en cela du sacerdoce des prêtres. Elle leur rappelle par là leur mission qui s'accomplit en annonçant la Parole et en donnant les sacrements, tout particulièrement celui qui vient au secours des âmes en perdition :

> "Je sens en moi la vocation de prêtre. Avec quel amour je te porterais dans mes mains lorsqu'à ma voix tu descendrais du ciel. Avec quel amour, ô Jésus, je te donnerais aux âmes !"[3]

Il n'est pas besoin d'être prêtre ou moniale pour vivre cette grâce spirituelle, tous les chrétiens qui ont fait l'expérience de la joie du salut peuvent avoir cette même soif des âmes.

Intercéder et prier pour la conversion des pécheurs n'est pas d'un autre âge. Il n'est pas question de remettre à la surface quelques pages du livre de dévotion de nos grands-mères, mais de suivre l'Evangile et l'enseignement de l'Eglise

---

1- Manuscrits autobiographiques, p. 167.
2- ibid., p. 174.
3- ibid., p. 224.

et des saints. Il nous faut souvent revenir à cette intercession pour le salut du monde, dans la prière personnelle, tout en restant humble. Pourquoi ne pas reprendre cette devise de la croisade eucharistique d'il y a cinquante ans : "Prie, communie, sacrifie-toi, sois apôtre." En plus du désir de l'union à Dieu, cette devise a donné de nombreuses vocations.

"Celui qui fait la vérité vient à la lumière" (Jn 3, 21). Il n'y a rien de tel que de se confesser souvent pour voir clair, pas seulement en soi, mais même dans le coeur des autres. C'est alors que nous serons davantage rayonnants de la lumière du Christ pour témoigner. Et la parole que nous a confiée Jésus sera autrement reçue par ceux qui désiraient l'entendre.

Tu luttes contre le péché, l'Eglise en est plus belle. Tu grandis dans la sainteté, c'est le chemin du bon missionnaire : le Pape Jean-Paul II nous le redit, en invitant à un nouvel élan de sainteté : "L'élan renouvelé vers les missions "ad gentes" (vers les païens) demande de saints missionnaires. Il ne suffit pas de renouveler les méthodes pastorales, ni de mieux organiser et de mieux coordonner les forces de l'Eglise, ni d'explorer avec plus d'acuité les fondements bibliques et théologiques de la foi; il faut susciter un nouvel élan de sainteté chez les missionnaires et dans toute la communauté chrétienne..."[1]

Pour toi qui as ressenti cet appel à la mission et à la sainteté, rattache-toi aux fraternités qui en font le premier

1- Encyclique La mission du Rédempteur, 1990, n° 90.

but de leur vie. N'écoute pas le discours du diable menteur qui voudra te faire croire que ce faisant, tu risques de te séparer du reste du monde. La vérité est toute autre : plus on travaille à la sainteté, plus on a le coeur d'aller évangéliser, que ce soit en offrant sa vie dans une communauté par la prière et le sacrifice, ou encore en quittant tout également, mais pour parcourir le monde à la recherche de la brebis perdue. Et lorsque tu te seras aperçu qu'en beaucoup d'endroits il ne reste qu'une brebis fidèle et que les quatre-vingt dix-neuf autres sont perdues, tu ne tarderas pas à dire à Jésus: "envoie-moi".

Pour être missionnaire, il faut être saint. Mais réciproquement celui qui se donne à l'évangélisation se met aussi sur le bon chemin de la sainteté. C'est en donnant que l'on reçoit. "Donnez et l'on vous donnera" (Lc 6, 38). Le véritable désir du coeur n'est pas de posséder, mais de recevoir pour donner.

Prends le bon chemin : il n'y a pas de vraie et bonne pastorale sans qu'elle soit missionnaire. Il n'y a pas de *mission sans sainteté, de sainteté sans vie spirituelle, de vie spirituelle sans sacrement de réconciliation, et pas de sacrement de réconciliation bien reçu, sans que le coeur comblé de miséricorde ne s'offre en retour pour obtenir le salut de toutes ces âmes encore en attente d'un tel bonheur.*

4- POUR CE SACREMENT UN SACERDOCE

Jésus a institué le sacrement de pénitence et l'a confié à son Eglise et à ses prêtres ordonnés pour cela. C'est l'oeuvre du Saint-Esprit : *"Comme le père m'a envoyé, moi aussi je vous envoie... Recevez l'Esprit Saint. Ceux à qui vous remettrez les péchés, ils leur seront remis"* (Jn 20, 21-23).

Ce ministère est divin, et dépasse tous les prêtres qui demeurent de pauvres hommes, des "petits prêtres mais pour un grand sacerdoce". Le saint curé d'Ars a osé dire : "Le sacerdoce, c'est l'amour du coeur de Jésus." Et c'est bien le cas lorsque le prêtre prononce l'absolution et dit :

"Par le ministère de l'Eglise
qu'Il vous donne le pardon et la paix.
Et moi, au nom du Père et du Fils et du Saint-Esprit
je vous pardonne tous vos péchés. Amen."

Le prêtre reçoit tout de Dieu

Avant sa passion, Jésus institue la Sainte Eucharistie. Après sa résurrection, il donne le pouvoir de remettre les péchés. Par succession apostolique, les apôtres transmettront ce pouvoir à leurs successeurs les évêques, et les évêques aux prêtres.

Comme pour le sacrement de l'eucharistie, le prêtre parle et agit "en la personne du Christ". Contrairement à d'autres sacrements, il est absolument nécessaire d'être prêtre pour le donner, c'est dire le lien étroit qu'il y a entre la prêtrise et le sacrement de pénitence. Suite à la défection de ce dernier, les vocations sacerdotales ont commencé à manquer, du moins dans notre Europe occidentale.

Nous vivons dans cette espérance que ces deux sacrements soient mieux perçus et davantage vécus. Le prêtre doit avoir une grande estime pour le sacrement de réconciliation et être heureux de venir au secours des fidèles en le donnant. Les chrétiens doivent avoir un grand respect pour le sacerdoce, et comme l'entourage de Jésus, suite au pardon des péchés du paralytique, *"glorifier Dieu d'avoir donné un tel pouvoir aux hommes"* (Mt 9, 8).

Le prêtre a reçu l'Esprit Saint au jour de son ordination et c'est de Lui qu'il reçoit non seulement la foi et la ferveur, mais encore tous les charismes nécessaires pour donner au sacerdoce qu'il a reçu de porter tous les fruits promis par le Seigneur lui-même.

Aussi le prêtre devra-t-il se laisser guider par l'Esprit Saint et accueillir les charismes qui lui permettront de mieux exercer son sacerdoce. "Lire au fond des coeurs" n'est pas réservé au curé d'Ars. Combien de prêtres ont ce don ! Ils doivent aussi avoir des paroles qui fortifient la foi et l'espérance, donner l'exhortation qui provoque le désir de conversion, des paroles de connaissance immédiate, les charismes de guérison et de compassion. Mais par-dessus tout, ils devront avoir une grande disponibilité. "Le prêtre est un homme mangé", disait le bienheureux P. Antoine Chevrier, fondateur du Prado.

Une humble paternité...

Le prêtre ne sera jamais un "fonctionnaire" qui donne des absolutions. Durant sa longue formation, il s'est instruit, a appris le discernement tout en travaillant d'abord à sa sanctification personnelle, pour pouvoir donner "saintement" les sacrements.

Le prêtre est père spirituel : il est vrai aussi qu'à mesure où les chrétiens redécouvriront la paternité spirituelle du prêtre, il y aura davantage de vocations sacerdotales. Dans le cas contraire on se posera la question : pourquoi être prêtre ? On a souvent parlé de crise d'identité du prêtre, certainement pour avoir oublié qu'il est pasteur et père. Jean Paul II n'a-t-il pas voulu donner comme titre à son exhortation apostolique sur la formation des prêtres en 1992 : *Je vous donnerai des pasteurs.*

De fait la paternité spirituelle du prêtre lui vient de ce qu'il est "pasteur". Et c'est là qu'il faut éviter toute confusion. Le dernier document de la Congrégation pour le clergé nous y aide beaucoup :

> "Un moyen de ne pas tomber dans la tentation "démocratiste", sera d'éviter une certaine "cléricalisation" du laïcat qui met à l'étroit le sacerdoce ministériel du prêtre. Lui seul après l'Évêque, en vertu du ministère sacerdotal reçu dans l'ordination, mérite de manière appropriée et univoque le nom de "pasteur". Le qualificatif de "pastoral" en effet fait référence soit à la *potestas docendi et sanctificandi,* soit à la *potestas regendi* (enseigner, sanctifier, gouverner).
> Du reste on doit rappeler que la véritable promotion du laïcat n'est pas favorisée par de telles tendances qui conduisent souvent à oublier l'authentique vocation et la mission ecclésiale des laïcs dans le monde."[1]

1- Directoire pour le ministère et la vie des prêtres, n° 19, 1994.

Confesser n'est pas entamer un dialogue, même spirituel. C'est écouter avec le coeur de Dieu, c'est inviter le pénitent à demeurer dans l'axe du sacrement. Cependant, le prêtre pourra proposer un échange spirituel à vivre plus tard, hors de la confession. Ce sera l'occasion aussi d'exhorter le pénitent à trouver un accompagnateur (ou accompagnatrice) laïc ou religieux, s'il n'en a pas.

En écoutant les aveux, le prêtre demandera à l'Esprit Saint de l'éclairer sur le point où Jésus veut tout particulièrement venir au secours de son pénitent. Il pourra alors révéler à son pénitent le "noeud" qui a pu engendrer cette liste de péchés et lui indiquer les points principaux sur lesquels il devra centrer son combat spirituel les jours suivants pour grandir davantage dans l'amour du Seigneur.

...qui ne fait jamais écran à Dieu

Le prêtre devra être compatissant, en restant ferme dans la vérité et effacé de sa personne. C'est ainsi qu'une fois la pénitence donnée ou la prière de libération prononcée suite à l'absolution, l'un des meilleurs conseils à donner à son pénitent sera de le renvoyer à Jésus lui-même, dans une église devant le tabernacle, ou mieux, devant le Saint-Sacrement exposé. Les témoignages des grâces reçues alors sont extrêmement nombreux à ce sujet : le prêtre s'est effacé et c'est le coeur à coeur avec Jésus qui fait des merveilles. Mais il était bien nécessaire de passer par la confession, donc par le prêtre.

> C'est ainsi qu'à la suite d'une bonne confession, deux époux qui avaient une difficulté à s'entendre dans leur vie conjugale se sont retrouvés la nuit qui suivit, pour l'adoration devant le Saint-Sacrement. La paix revint dans leur coeur, dans leur âme et dans leur corps également. La grâce de la réconciliation

était passée par là au travers du sacrement reçu. Il n'y a rien de magique dans cet exaucement. Parce qu'ils étaient allés boire à la source de la miséricorde qui est en Dieu, il leur fut possible d'échanger cette miséricorde après avoir laissé le Seigneur donner la sienne en surabondance : *"Car tu as été pour moi un protecteur et un soutien et tu as délivré mon corps de la ruine..., selon l'abondance de ta miséricorde, et la gloire de ton nom"* (Si 51, 2-3).

Nul ne peut imaginer le nombre de réconciliations obtenues entre les époux, suite à la réconciliation que chacun avait bien voulu vivre avec le Seigneur.

Souvent dans le sacrement de réconciliation la porte s'entrouvre, et c'est seul à seul avec Jésus devant le Saint-Sacrement que le pécheur peut faire ce second pas. C'est alors qu'il ouvre toute grande la porte de son coeur à la miséricorde divine. C'est comme si le sacrement se terminait dans l'adoration. D'où l'importance de recevoir ce sacrement dans une église, ou de s'y rendre ensuite. C'est là que les fruits sont les plus beaux et les plus perceptibles.

Pour cela, des prêtres fervents

Nous mesurons ici toute la ferveur requise pour vivre ce sacrement. C'est d'abord au prêtre d'avoir cette ferveur. Il doit méditer en son coeur cette parole de Jésus, brûlant d'amour dans son désir ardent d'aller jusqu'au sacrifice de sa vie pour les pécheurs que nous sommes : *"Je suis venu jeter un feu sur la terre, et comme je voudrais que déjà il fût allumé !"*(Lc 12, 49). C'est ce feu que Jésus veut allumer dans le coeur le plus refroidi des pécheurs pour ne faire de ses péchés les plus tenaces qu'un feu de paille car *"notre Dieu est un feu consumant"* (Hé 12, 29).

Mère Teresa, invitée par le Saint-Père à parler aux six mille prêtres réunis au Vatican pour la première retraite sacerdotale mondiale, leur disait : "Jésus doit pouvoir se servir de vous sans vous consulter au préalable : vous lui appartenez. Vous êtes à Lui, et exclusivement à Lui..."[1]

Impossible pour toi de bien te confesser si tu ne sais pas ce qu'est un prêtre. Une mère de famille disait : "Dans les homélies on nous parle de tous les sacrements, là nous sommes enseignés ; mais pour ce qui est du sacerdoce, prêtrise et diaconat, il semblerait qu'on n'en parle qu'à ceux qui y sont destinés. Mais alors si on ne nous en parle pas, comment pouvoir bien nous adresser à eux ? Comment nos garçons pourront-ils seulement y penser et le devenir ?" Ce n'était pas tout à fait faux. Les femmes elles-mêmes doivent savoir ce qu'est le sacerdoce, pour mieux comprendre leur prêtre, et mieux prier pour les séminaristes.

Si tu écoutes le saint curé d'Ars, son enseignement est simple et précis :
"Qu'est-ce qu'un prêtre ? Un homme qui tient la place de Dieu, un homme qui est revêtu de tous les pouvoirs de Dieu."
"Lorsqu'un prêtre remet les péchés, il ne dit pas "Dieu vous pardonne", il dit "je vous absous".
"Allez vous confesser à la Sainte Vierge ou à un ange :

1- Mère Teresa, 7-9 octobre 1984.

vous absoudront-ils ? Non... vous auriez deux cents anges là, ils ne pourraient vous absoudre. Un prêtre, tout simple soit-il, le peut. Il peut vous dire : "Allez en paix : je vous pardonne..."
"Sans le prêtre, la mort et la passion de Notre Seigneur ne serviraient de rien."[1]

C'est dans les deux sacrements de l'eucharistie et de pénitence, indispensables à la vie de tout chrétien que l'on voit et comprend quelle place le Seigneur a voulu donner au sacerdoce dans son Eglise.

"Eucharistie, pénitence et sacerdoce", c'est un tout indissociable. Si l'on minimise l'un des trois, on s'attaque déjà aux deux autres, et l'ensemble est atteint. Les persécuteurs le savent, qui s'attaquent au sacerdoce. Les ennemis dissimulés de l'Eglise le savent aussi, qui ont essayé de ridiculiser le sacrement de pénitence et endoctriné de façon mensongère le peuple chrétien en lui disant qu'il suffisait d'être croyant, et qu'être pratiquant (recevoir l'eucharistie) était facultatif.

Pour vivre ces trois sacrements il y a souvent un acte de foi à refaire. Il ne faut pas nous en étonner, c'est le cas normal. Dans l'eucharistie comme dans la pénitence, il y a un double acte de foi en Dieu et dans le sacerdoce du prêtre. C'est là où l'on comprend la gravité de certaines

1- J. Frossard, *Pensées choisies*, Téqui, pages 93-94.

erreurs comme essayer de justifier le manque de prêtres. C'est alors porter atteinte au sacerdoce et par là aux sacrements de l'eucharistie et de la pénitence.

Alors, attache-toi de tout ton coeur à ces trois grands sacrements.

La nouvelle évangélisation nécessite de façon urgente de nombreux et saints prêtres c'est évident, puisque le premier geste que fait le converti c'est d'aller se confesser.

Un laïc peut toucher le coeur d'un païen et le convertir. Mais la grâce ne pourra aller jusqu'au bout que par les prêtres qui seront là en nombre suffisant. Or, à la fin de ce XXème siècle, il en manque, et il en manque beaucoup.

Prie souvent pour les prêtres. Ils en ont beaucoup besoin. Il ne leur est pas toujours facile de donner les sacrements, surtout celui de la réconciliation. Il est vrai que certains endroits n'y sont pas favorables.

Prie aussi pour les vocations sacerdotales. Et en ce sens, n'oublie jamais qu'un garçon ou un jeune homme a le droit de prier pour lui-même en disant : "Seigneur, si tu le veux, fais-moi signe."

5- AU-DELÀ DU PARDON LA RÉCONCILIATION

Croire à la réconciliation toujours possible, c'est croire à la grâce que Dieu opère en nous. Il ne suffit pas d'aimer, il faut encore croire à l'amour. Croire à l'**amour** pour de bon, c'est vivre chaque jour le **miracle** de la **réconciliation.** Pour cela il faut la *foi à transporter des montagnes.*

Prendre le chemin de la Foi

Il faut d'abord que tous les baptisés croient en ce sacrement, ce sera l'unité de l'Eglise retrouvée et le fondement posé pour construire la paix du monde.

Croire en la miséricorde divine, et la pratiquer pour de bon, quel bouleversement pour les coeurs et quel changement radical apporté pour le monde ! Mais il faut d'abord quitter résolument ce qui est parfois enseigné dans la psychologie de groupe, à savoir qu'il faut apprendre ensemble à "gérer les conflits". Il n'y a plus aucune espérance dans cette démarche. Elle est contraire à l'Evangile qui demande de croire en la grâce que Dieu accorde pour parvenir à la réconciliation. C'est donc une erreur pour un chrétien que de participer à des sessions où l'on ne croit plus que *"ce qui est impossible pour les hommes est possible pour Dieu"* (Lc 18, 27).

Le sacrement de réconciliation doit refaire la ferveur de l'Eglise. Il est le premier geste du converti. Il est l'élan d'amour renouvelé de tous les baptisés qui reviennent vers leur Seigneur. Par sa miséricorde Dieu veut sauver notre monde qui vit dans l'agressivité. Il lui faut pour cela des témoins de sa miséricorde.

Et le monde attend ce témoignage. "Évangéliser" n'est rien d'autre que de prêcher l'amour du Père et sa miséricorde pour tous ses enfants. *"Repentez-vous et croyez à la Bonne Nouvelle"* (Mc 1, 15).

Logiquement, est-il possible d'être chrétien sans croire à la réconciliation avec nos frères ? Certainement non et Jésus nous le dit : *"Aimez vos ennemis, et priez pour vos persécuteurs"* (Mt 5, 44).

Le Credo qui nous enseigne la "rémission des péchés" nous met au coeur de notre foi. Et le commandement de Jésus de nous aimer les uns les autres nous fait la pratiquer. Tout homme a en lui un besoin vital de communion. Le péché blesse cette communion et peut même la briser. Le pardon demandé et accordé permet de la restaurer.

Mais la miséricorde exercée peut s'arrêter en chemin : le pardon accordé, même de part et d'autre, ne conduit pas automatiquement aux retrouvailles complètes. Il faut aller plus loin pour que soit restauré le plan d'amour de Dieu sur les hommes. Pour aller jusqu'au bout du chemin et permettre à l'amour de revivre de part et d'autre, il faut ajouter à la démarche du pardon celle de la **réconciliation.**

L'oecuménisme indispensable

L'enjeu est là : saurons-nous aller jusqu'au bout de la miséricorde telle qu'elle existe dans le coeur de Dieu ? Les Evangiles synoptiques nous disent de façon complémentaire, l'un : "*Vous serez parfaits comme votre Père du ciel est parfait*" (Mt 5, 48), et l'autre, dans le même enseignement ·

"Montrez-vous compatissants (ou miséricordieux) *comme votre Père est compatissant"* (Lc 6, 36). Ce qui veut dire que notre Dieu est parfait en miséricorde : sa miséricorde est "infinie". Jésus nous demande d'imiter le Père en tout et pour cela de ne pas nous arrêter en chemin, d'aller jusqu'au bout de la sainteté en entrant dans la démarche de la réconciliation.

> *"Oui, cherchez à imiter Dieu, comme des enfants bien-aimés, et suivez la voie de l'amour à l'exemple du Christ"* (Ep 5, 1, 2).
> *"Aimez-vous les uns les autres, comme je vous ai aimés"* (Jn 15, 12).

A la fin de ce XXème siècle il y a bien des progrès à faire, autant pour la vie en Eglise que pour l'entente entre les hommes au sein du monde. Notre Pape Jean-Paul II, dans sa lettre apostolique : *Pour le jubilé de l'an 2000*, souhaite et nous demande de prier pour toutes réconciliations, spécialement celle de tous les chrétiens :

> "L'une des prières les plus ardentes en cette heure exceptionnelle où s'approche le nouveau millénaire est celle par laquelle l'Eglise demande au Seigneur que croisse l'unité entre tous les chrétiens des diverses confessions jusqu'à atteindre la pleine communion. Je forme le voeu que le jubilé soit une bonne occasion pour collaborer efficacement à la mise en commun de tout ce qui nous unit et qui est certainement plus important que ce qui nous divise."[1]

1- Lettre apostolique *Pour le jubilé de l'an 2000*, n° 16

Le couple et la famille sauvés

N'est-ce pas un miracle que nous demandons au Seigneur ?

Par exemple, il semble bien qu'il y ait beaucoup d'époux qui, une fois séparés, se pardonnent vraiment l'un à l'autre. Mais malgré le pardon accordé, ils refusent de se retrouver dans la fidélité. Ils refusent alors la réconciliation, ou en sont incapables, du moins pour un temps. Et en ce cas, souvent, c'est qu'ils n'acceptent pas le secours de Dieu.

De fait, la réconciliation est le fruit conjugué de la grâce donnée par Dieu et de la bonne volonté des deux parties. Et c'est toujours Dieu qui refait alliance le premier avec l'homme et avec son peuple. Tout l'Ancien Testament en est le témoin.

La clef du mariage solide et du bonheur familial retrouvé réside donc, au-delà du pardon, dans la réconciliation. Voici le témoignage d'une famille chrétienne qui était en marche vers la réconciliation :

> Lors d'un week-end de prière une parole de connaissance immédiate fut donnée : "Il y a ici une famille dont les membres sont dans la mésentente depuis plusieurs années. Ils ne savent pas qu'ils sont ici dans la même assemblée de prière. A la porte de sortie ils vont se rencontrer. Le Seigneur touche leur coeur ; ils vont pouvoir se réconcilier." A vrai dire les membres de cette famille chrétienne s'étaient divisés et des deux côtés avaient pu se pardonner, dans leur coeur et devant Dieu. Mais il manquait encore la démarche de la réconciliation. Ce fut fait comme la parole de prophétie le leur promettait.

Il en va de même pour le sacrement de pénitence. Nous demandons pardon à Dieu et Dieu accorde ce que nous lui demandons. Mais l'homme ne retrouve l'entière communion avec Dieu que dans une démarche supplémentaire de réconciliation.

Le pardon absolu dans la réconciliation

Dans la deuxième moitié du XXème siècle, la réconciliation a été oubliée, occultée, jugée facultative ou encore déclarée impossible. Et les résultats sont là : il y a quarante ans, ce fut la désaffection du sacrement du pardon, et il y a vingt ans celle du sacrement de mariage. Les guerres sont de plus en plus meurtrières. Suite à la lutte des classes, c'est maintenant la guerre à l'intérieur des nations elles-mêmes. L'intégrisme fanatique et meurtrier se déchaîne, les génocides se succèdent, alors qu'on avait pu croire un moment que toutes ces horreurs étaient terminées, depuis les camps d'extermination nazis. Plus que jamais notre monde a besoin de réconciliation. L'Eglise a le devoir d'aller au-devant de ce monde divisé.

Pour arriver à cette réconciliation complète, il nous faut demander à Dieu son coeur miséricordieux. Il faut pouvoir aller jusqu'à envisager que l'autre va peut-être recommencer à nous offenser et lui accorder cependant la réconciliation. Le saint curé d'Ars nous éclaire à ce sujet, nous invitant à contempler Dieu :

> "Le Bon Dieu sait toutes choses. D'avance il sait qu'après vous être confessé, vous pécherez de nouveau, et cependant il vous pardonne. Quel amour que celui de notre Dieu qui va jusqu'à oublier volontairement l'avenir pour nous pardonner."[1]

1- B. Nodet, *Jean-Marie Vianney, Curé d'Ars*, p. 134.

Toi qui as la joie d'appartenir à l'Eglise du Christ, force de réconciliation pour les coeurs et pour le monde, sache bien que par ton baptême, tu es appelé à vivre la réconciliation au sein de l'Eglise et de l'humanité :

- au niveau sacramentel : la réconciliation personnelle avec Dieu, par la confession, c'est fondamental
- au niveau fraternel : "Quand donc tu présentes ton offrande à l'autel, si tu te souviens que ton frère a quelque chose contre toi, laisse là ton offrande..., va d'abord te réconcilier avec ton frère" (Mt 5, 23-24) ;
- au niveau conjugal : "Que le soleil ne se couche pas sur votre colère. Il ne faut pas donner prise au diable" (Ep 4, 26-27) ;
- au niveau social : par le partage des biens matériels avec les plus pauvres, et la solidarité universelle ;
- au niveau oecuménique : "Un seul baptême, un seul Dieu et Père de tous" (Ep 4, 5-6) ;
- au niveau de l'évangélisation : donner sa vie pour la réconciliation des hommes entre eux, c'est la donner pour le Christ. Mais il faut d'abord annoncer l'Evangile : "C'est Dieu qui dans le Christ se réconcilie le monde" (2 Co 5, 19).

Car la clef de la réconciliation entre les hommes, c'est la réconciliation avec Dieu. De ce fait, ne te laisse jamais emporter dans un courant partial et exclusif. Cela peut arriver au sein même de l'Eglise où certains font l'impasse de la réconciliation sacramentelle avec Dieu, ou encore de la réconciliation avec leur conjoint, pour donner uniquement tout leur temps et toutes leurs forces à la réconciliation qui doit se vivre entre les peuples.

Que c'est bien regrettable puisque toutes les réconciliations sont nécessaires ! Et que la plus importante de toutes est bien celle qui doit être faite avec Dieu.

A l'opposé, une fois réconcilié avec Dieu, ne tombe jamais dans l'illusion que tout s'arrête là. Le Seigneur t'ouvre le coeur aux dimensions du monde : témoigne en faveur de la réconciliation coûte que coûte. Quitte à passer pour un fou, proclame partout que sans réconciliation avec Dieu, les hommes entre eux resteront des loups. "Voici que je vous envoie comme des brebis au milieu des loups" (Mt 10, 16). Fais-toi missionnaire avec l'apôtre Paul : "Nous sommes donc en ambassade pour le Christ ; c'est comme si Dieu exhortait par nous. Nous vous en supplions au nom du Christ : laissez-vous réconcilier avec Dieu" (2 Co 5, 20).

CONCLUSION

La réconciliation folie de l'Amour

"Moi, je viendrai rassembler toutes les nations et toutes langues, et elles viendront voir ma Gloire."
(Is 66, 18)

Croire au miracle de la réconciliation, que ce soit avec Dieu ou entre les hommes, peut sembler complètement impossible, ou de l'ordre de la folie pour certains. Mais voilà, Jésus a voulu passer par la **folie de la croix** pour nous sauver tous, nous sauver de la révolte, de la haine, de la vengeance et de la mort. "*Par la croix, en sa personne il a tué la haine. Alors il est venu proclamer la paix*" (Ep 2, 16-17). La victoire est acquise. La paix des coeurs est déjà retrouvée en Jésus. Il ne nous reste plus qu'à accueillir cette grâce : dire oui à cet acte de folie par amour. Désirant répondre "amour pour amour" à ce sacrifice du Christ pour nous, **notre coeur en retour doit aller lui aussi jusqu'à la folie.** Voulons-nous vraiment être sauvés et sauver nos frères ? Nous sauver, et non pas nous perdre ? Alors suivons saint Paul : "*Le langage de la croix, en effet est folie pour ceux qui se perdent ; mais pour ceux qui se sauvent, pour nous, il est présence de Dieu. Car il est écrit : je détruirai la sagesse des sages et l'intelligence des intelligents, je la rejetterai*" (1 Co 1, 18-19).

Il n'y a pas d'amour véritable sans réconciliation et sans y croire follement. Le drame le plus grand pour le pécheur n'est peut-être pas d'avoir fauté mais de n'avoir pas immédiatement le désir ardent d'aller se réconcilier avec son Dieu et avec ses frères.

La grâce de Dieu donne la réconciliation, mais il faut aussi en avoir le désir. La conjonction des deux, la grâce et le désir, obtient alors le miracle. Mais il aura fallu aussi la prière fervente et persévérante de la communauté qui obtient ce double exaucement : Dieu qui entend notre appel, et les coeurs les plus endurcis qui sont touchés.

Et cette réconciliation est l'oeuvre de l'Esprit Saint : *"Aussi bien est-ce en un seul Esprit que nous avons été baptisés en un seul corps, juifs et grecs, esclaves ou hommes libres, et nous avons été abreuvés d'un seul Esprit"* (1 Co 12,13).

Travailler à la **réconciliation est une oeuvre pastorale et missionnaire indispensable.** Notre appartenance au corps mystique du Christ n'est pas un vain mot. La réconciliation pratiquée par l'un de ses membres embellit tout le corps. Pour cela, le premier pas à faire sera toujours le sacrement de réconciliation à recevoir. Et la confession est loin d'être seulement une petite rencontre discrète avec un prêtre : la richesse contenue dans ce sacrement ouvre le coeur du baptisé à tous ses frères. Cette réconciliation d'un seul pénitent avec Dieu redonne déjà l'espérance pour un monde qui doit accueillir le salut acquis par le Christ. Dieu lui-même a remis l'avenir de l'Eglise et du monde entre nos mains.

Quand le peuple des baptisés aura retrouvé le chemin de la confession, l'Eglise sera redevenue "vivante" ; le mariage sera "rétabli", la fraternité retrouvée, les nations réconciliées et le monde "sauvé".

Jean-Paul II nous redit l'urgence et la nécessité pressante de toute réconciliation. Pour cela, il nous en donne le chemin :

> "La réconciliation est devenue nécessaire parce qu'il y a eu la rupture du péché, d'où ont découlé toutes les autres formes de rupture au coeur de l'homme et autour de lui(...)

> Lorsque l'Eglise proclame la joyeuse nouvelle de la réconciliation ou propose de la réaliser grâce aux sacrements, elle exerce un véritable rôle prophétique : elle dénonce les maux de l'homme dans leur source contaminée, elle montre la racine des divisions et elle suscite l'espérance de pouvoir surmonter les tensions et les conflits pour atteindre la fraternité, la concorde et la paix à tous les niveaux et dans tous les groupements de la société humaine. Elle change une situation historique de haine et de violence en une **civilisation d'amour**."[1]

Nous avons ici la meilleure conclusion qui puisse être donnée à tout enseignement sur le sacrement de réconciliation. Cette exhortation, publiée en 1984 suite au synode mondial des évêques à Rome, est toujours bien d'actualité.

En ce domaine, beaucoup ou presque tout reste encore à réaliser. Mais la lumière est déjà là et l'espérance nous est donnée également pour aujourd'hui et pour demain.

"Dieu est amour", et il t'attend dans son amour et sa miséricorde. A toi qui achève ce livre, le Seigneur lui-même lance cet appel et inscrit cette certitude dans ton coeur : chaque fois que tu vas recevoir le sacrement de réconciliation, en te confessant, tu apportes ta pierre à l'édifice d'un univers restauré par la grâce de Dieu. Ta responsabilité de chrétien est là d'abord. Mais quelle joie

1- Jean-Paul II, exhortation apostolique *Réconciliation et pénitence*, n°4.

de pouvoir ainsi travailler avec Dieu et pour Dieu à la beauté de son Eglise et au salut de son humanité.

Qu'une hypothèse soit permise : si tous les hommes, un beau matin, se retrouvaient tous, fermement décidés à se réconcilier...
- "C'est un beau rêve", me répondrais-tu.
- Eh bien, non ! C'est tout simplement le plan absolu et certain de Dieu sur le coeur de tous les hommes.

"Dieu a tant aimé le monde qu'Il lui a donné son Fils ..." (Jn 3, 16), et c'est pour nous sauver.

"Tout est accompli.., et Jésus remit l'esprit "(Jn 19, 30). La grâce du salut est obtenue, à nous donc d'en vivre. "Venez, maintenant tout est prêt..." (Lc 14, 17). Allons au banquet de la réconciliation.

Finalement, à cette invitation, il ne nous reste plus qu'à répondre "oui".

Aujourd'hui encore, grâce à la réconciliation, qui que tu sois, **tu peux redire oui à l'amour.** Pourtant, très souvent, cela te dépasse... Cela nous dépasse tous...

Mais crois-tu au miracle ?

Sigloy, fête de l'Immaculée Conception
8 décembre 1994

LES BONNES DISPOSITIONS POUR RECEVOIR CE SACREMENT

***"Il faut mettre plus de temps à demander la contrition qu'à s'examiner"* (saint curé d'Ars).**

1- Tout d'abord, il faut quitter l'esprit du monde, incapable de voir dans le prêtre celui qui, tout en demeurant un pauvre homme, a reçu le pouvoir de pardonner les péchés. C'est la première disposition, et elle nécessite un regard de foi.

2- Il faut aussi prier pour ce prêtre, humblement, non pas en regardant ses défauts, mais son sacerdoce, et demander pour lui toutes les grâces nécessaires. S'il y a la possibilité de choisir le prêtre, on peut aussi demander au Seigneur vers qui aller, au-delà même des goûts personnels. Cependant, ce n'est pas le moment de faire de l'ascèse déplacée : il faut aller à celui avec lequel on sera le plus en confiance spirituellement.

3- Auparavant, au fil des jours, il faut avoir eu confiance en la miséricorde de Dieu, immédiatement après chaque faute, avec la foi que Dieu a déjà pardonné. Au moment de se confesser, ne pas faire d'abord d'exercice de mémoire (hors de la prière) dans la crainte de ne plus se souvenir de ses péchés (pour la confession mensuelle par exemple), car le démon se servirait de cela pour nous effrayer avec nos péchés, nous faire douter de la miséricorde de Dieu, ou nous donner des scrupules.

4- Il faut faire confiance à Dieu, qui redonnera le souvenir de ces péchés, peut-être seulement au cours des minutes qui précéderont le sacrement. Là encore, il ne s'agit pas d'un exercice de mémoire qui mène à l'introspection, mais d'une prière d'abandon à l'Esprit Saint qui viendra lui-même nous redonner ce qui est à confesser, au moment où nous nous exposons aux rayons de l'amour de Dieu. Ces rayons transperceront notre âme d'une autre lumière que celle de notre intelligence. Donc il faut invoquer l'Esprit Saint, prendre un temps de recueillement avant de recevoir le sacrement. Demander une parole dans la Bible peut aussi nous aider, mais se confesser uniquement sur cette parole risque de cacher d'autres points de la vie, également importants à remettre à la miséricorde de Dieu.

5- Si nous constatons, durant la préparation, qu'il y a un pardon à donner, le faire de suite avant d'aller au sacrement, ou bien le faire intérieurement, s'il n'est pas possible de le faire de vive voix, et tout de suite. C'est ainsi que Jésus lui-même nous a appris à prier le Père : *"Pardonne-nous nos offenses comme nous pardonnons aussi..."* De cette façon, nous sommes certains que l'absolution pardonnera ce péché et tous les autres.

6- Écouter le prêtre qui nous reçoit et demander sa bénédiction.

7- Accuser ses péchés, c'est-à-dire en demander humblement pardon, et non pas raconter sa vie du bout des lèvres. Avouer avec franchise et précision son péché. Laisser au Seigneur le soin de voir lui-même "les circonstances atténuantes". Ne pas se demander si le prêtre va nous juger. Si par erreur il le faisait, le lui pardonner tout de suite en voyant, au-delà de sa personne, Dieu qui ne juge pas mais pardonne toujours.

8- Laisser Dieu nous donner la contrition pendant et après l'aveu de nos fautes. Déposer également tout fardeau.

9- Écouter le prêtre, accueillir de lui le pardon, la guérison intérieure, toute libération et purification de toutes les parties de notre être. Croire que Dieu oublie et répare les conséquences du péché. Recevoir la paix.

10- Recevoir la grâce de l'absolution dans le recueillement.

11- S'engager à pratiquer la vertu opposée au péché accusé

12- Faire la pénitence demandée par le prêtre dans un acte de foi. C'est là que Dieu complète les grâces du sacrement.

13- Proclamer sa foi dans le sacrement reçu, où les péchés ont été réellement pardonnés. Dans cet acte de foi sont chassés tous les doutes, scrupules, remords, retours en arrière, jugements, accusations, condamnations, inspirés par le Mauvais qui voudrait ruiner la paix profonde reçue de Dieu.

14- L'action de grâces. Remercier le Seigneur tout au long du jour, laisser chanter l'Esprit Saint en nous d'heure en heure au souvenir de cette rencontre avec Dieu, comme le lépreux qui revient sur ses pas remercier Jésus.

15- Dans la reconnaissance du pardon reçu, essayer de pratiquer ce que conseille le curé d'Ars. C'est un chemin infaillible de conversion, dans le juste retour de l'amour que nous devons avoir pour le Seigneur : "Si nous aimions Dieu, nous aimerions les croix." "Si nous aimions Dieu, nous serions heureux de souffrir pour l'amour de Celui qui a bien voulu souffrir pour nous." Autrement dit, après avoir bénéficié des trésors de la croix de Jésus, accepter celle que le Seigneur peut permettre pour nous et l'offrir aussi pour les autres pécheurs. Le saint Curé ajoute même : "C'est la crainte de la croix qui est notre grande croix." Mais il est très encourageant en avouant : "Au début, les croix me faisaient peur... je me suis mis à les aimer : elles furent toutes légères."

16- Là commence le combat spirituel, d'autant plus dur que nous avons choisi de ne plus rester dans l'inconversion. S'appuyer alors avec foi sur les grâces reçues durant la réconciliation, pour vivre ce combat avec fermeté mais aussi dans la paix la plus grande. En effet, Dieu est encore là présent, dans sa fidélité de tous les instants. Le sacrement continue à agir dans notre vie.

17- Pour les époux il est certainement très profitable qu'après avoir prié, ils préparent ensemble leur confession. C'est une occasion bénie de transparence, qui les fera avancer dans la sanctification réciproque, et dans une miséricorde accrue l'un envers l'autre, donc qui fera grandir leur amour conjugal. Mais qu'ensuite ils se confessent personnellement auprès du prêtre. Après quoi, bien sûr, ils devront partager ensemble les grâces reçues personnellement, lors du sacrement. Dans ce partage se fortifiera leur communion. Il y a parfois entre époux une soif d'amour plus grand pour un partage spirituel plus complet. Il passe d'abord dans cet acte d'humilité de se reconnaître pécheur devant son époux.

18- Cette confession personnelle auprès d'un prêtre, quoiqu'on puisse en penser, garde toute sa dimension ecclésiale. Il est bien évident que le pénitent compte sur la prière de ses frères, et les mérites de la Vierge Marie et de tous les saints, qui intercèdent pour lui. Il n'est rien de tel, pour faire une bonne confession, que d'en confier la démarche à un frère, qui vous accompagne de sa prière. La récitation d'un "Réjouis-toi" avant d'aller recevoir le sacrement est aussi une aide efficace et une démarche de confiance envers celle qui a recueilli dans ses bras le corps de son fils mort pour nous.

19- Être fidèle à la confession fréquente, au-delà de tout état d'âme.

20- Recevoir toujours ce sacrement pour la sainteté que Dieu attend de nous.

COMMENT RECEVOIR LE SACREMENT DE RÉCONCILIATION

(Extrait du Rituel pour le sacrement de pénitence et de la réconciliation, 1978)

1- L' Accueil

Prêtre et pénitent font ensemble le signe de la croix. Le pénitent peut dire :

Bénissez-moi, mon Père, parce que j'ai péché.

Et le prêtre le bénit au nom du Seigneur, en l'invitant à la confiance par une phrase comme celle-ci :

Que le Seigneur Jésus vous accueille.
Il n'est pas venu appeler les justes mais les pécheurs.
Ayez confiance en lui.

Ou bien :

Que l'Esprit Saint vous éclaire pour trouver confiance dans la miséricorde de Dieu et vous reconnaître pécheur.

2- Lecture de la Parole de Dieu

Examiner sa conscience, c'est laisser le regard de Dieu pénétrer jusqu'au coeur de sa vie.

Il est bon que le prêtre ou le fidèle lise un bref passage de l'Ecriture ou proclame de mémoire une parole du Seigneur évoquant la miséricorde de Dieu ou appelant l'homme pécheur à la pénitence. Ainsi :

> Jésus a dit : *"Je ne suis pas venu appeler les justes, mais les pécheurs"* (Mt 9, 13).
> *"Il y a de la joie chez les anges de Dieu pour un seul pécheur qui se convertit"* (Lc 15, 10).

3- Confession des péchés

"Confesser" signifie trois choses : proclamer sa foi, reconnaître l'amour dont Dieu nous aime, et dire ses péchés. Les trois significations se retrouvent dans la démarche du pénitent.

Le pénitent peut commencer par une confession globale de son état de pécheur, en disant :

> Je confesse à Dieu tout-puissant,
> je reconnais devant vous, mon père,
> que j'ai péché,
> en pensée, en parole,
> par action et par omission ;
> oui, j'ai vraiment péché *(il se frappe la poitrine).*
> C'est pourquoi je supplie la Vierge Marie,
> les anges et tous les saints,
> et vous aussi mon père,
> de prier pour moi le Seigneur notre Dieu.

Le pénitent fait ensuite l'accusation de ses fautes particulières.

Le prêtre propose ensuite un signe de conversion et de pénitence : prière, partage, effort pour sortir de soi-même, de ses habitudes et, surtout, service du prochain. Il convient que le pénitent manifeste son acceptation ou qu'il propose lui-même une autre expression concrète de sa volonté de renouveau dans sa vie profonde.

4- Prière pour accueillir le pardon

Chaque fois que c'est possible, le prêtre et le pénitent prient ensemble : soit le **Notre Père**, soit quelques versets de psaumes :

Rappelle-toi, Seigneur, ta tendresse,
ton amour qui est de toujours.
Oublie les révoltes, les péchés de ma jeunesse
dans ton amour, ne m'oublie pas. (Ps 24)

Détourne ta face de mes fautes,
enlève tous mes péchés,
crée en moi un coeur pur, ô mon Dieu,
renouvelle et raffermis au fond de moi mon esprit.
(Ps 50)

Le pénitent peut aussi exprimer seul son regret dans une prière, par exemple l'une ou l'autre qui suit :

Jésus, Fils de Dieu Sauveur, prends pitié de moi, pécheur.

Père, j'ai péché contre toi. Je ne mérite plus d'être appelé ton enfant. Prends pitié du pécheur que je suis.

Mon Dieu, j'ai un très grand regret de t'avoir offensé, parce que tu es infiniment bon, et que le péché te déplaît. Je prends la ferme résolution, avec le secours de ta grâce, de ne plus t'offenser et de faire pénitence.

5- Absolution

Le pénitent écoute la parole qui lui donne le pardon de Dieu.
Le prêtre étend les mains sur la tête du pénitent.

Ce geste de bénédiction a mis le chrétien dès avant son baptême sous la puissance de Dieu, créateur et sauveur. Il exprime ici le don de l'Esprit Saint "qui est lui-même le pardon de tous les péchés" (Missel, samedi avant la Pentecôte).

Les mains étendues, le prêtre dit la prière de réconciliation :

Que Dieu notre Père vous montre sa miséricorde ;
par la mort et la résurrection de son Fils,
il a réconcilié le monde avec lui
et il a envoyé l'Esprit Saint
pour la rémission des péchés :
par le ministère de l'Eglise,
qu'il vous donne le pardon et la paix.

Et moi, **au nom du Père,**
et du Fils et du Saint-Esprit,
je vous pardonne tous vos péchés.

Le fidèle pardonné répond : Amen.

6- Confession de la miséricorde de Dieu

Le prêtre invite à l'action de grâce : souhait de joie et de confiance, mot d'encouragement adapté à chaque personne. Il peut conclure ainsi :

- Allez dans la paix et la joie du Christ.
- R : Béni soit Dieu, maintenant et toujours.

ou bien :
- Heureux celui qui est pardonné, délivré de son péché. Réjouissez-vous dans le Seigneur. Allez en paix.

ou bien :
- Le Seigneur vous a pardonné. Faites de même.

ou encore :
- Que par la Passion de Jésus-Christ, notre Seigneur, l'intercession de la Vierge Marie et de tous les saints, tout ce que vous ferez de bon et supporterez de pénible contribue au pardon de vos péchés, augmente en vous la grâce pour que vous viviez avec Dieu.

Après avoir quitté le prêtre, le pénitent pardonné accomplira sa pénitence et remerciera encore personnellement le Seigneur pour toutes les grâces reçues dans ce sacrement où il a été comblé par la miséricorde divine.

PAROLES SACRAMENTELLES D'ABSOLUTION

A l'ordinaire le prêtre emploie cette **formule brève :**

Que Dieu notre Père vous montre sa miséricorde ;
par la mort et la résurrection de son Fils
il a réconcilié le monde avec lui
et il a envoyé l'Esprit Saint
pour la rémission des péchés :
par le ministère de l'Eglise,
qu'il vous donne le pardon et la paix.
Et moi,
au nom du Père et du Fils
et du Saint-Esprit
jc vous pardonne tous vos péchés.

AMEN.

Mais il peut également prononcer cette absolution plus longue, qui permet au pénitent d'affirmer sa foi en l'action toute-puissante de la Sainte-Trinité en lui, en répondant par trois fois : Amen.

Formule longue :

Dieu notre Père,
ne veut pas la mort du pécheur,
mais qu'il se convertisse et qu'il vive.
C'est lui qui nous a aimés le premier
et il a envoyé son Fils dans le monde
pour que le monde soit sauvé par lui.
Qu'il vous montre sa miséricorde
et vous donne la paix. AMEN.

Jésus-Christ, le Seigneur,
livré à la mort par nos fautes,
est ressuscité pour notre justification.
Il a répandu son Esprit Saint sur les apôtres
pour qu'ils reçoivent le pouvoir
de remettre les péchés.
Par notre ministère,
que Jésus lui-même vous délivre du mal
et vous remplisse de l'Esprit-Saint. AMEN.

L'Esprit Saint, notre aide et notre défenseur,
nous a été donné pour la rémission des péchés
et en lui nous pouvons approcher du Père.
Que l'Esprit illumine et purifie vos coeurs :
ainsi vous pourrez annoncer les merveilles
de celui qui vous a appelés
des ténèbres à son admirable lumière. AMEN.

ET MOI, AU NOM DU PÈRE ET DU FILS
ET DU SAINT-ESPRIT
JE VOUS PARDONNE TOUS VOS PÉCHÉS. AMEN.

INDEX

Abandon 27, 45, 97, 113, 119, 126
abîme 27, 44, 113
absolution 48, 51, 77, **80, 81,** 86, 104, 105, 106, 147, 159
accompagnement spirituel 65, 67, 116, 162
accueillir 34, 35, 38, **57**, 87, 103, 178
adoration 33, 146, 163
agressivité 17, 36
alliance 30, 170
âme 29, 87, 93, 115, **118**, 123, **126**, 156-158
amour **15**, 21, 130, **140**, 142, **145**, 163, 175, 177, 180
astrologie 107
audace 78
aveu **42-46, 74**, 77, 78, 80, 122, 162
aveuglement **58**, 59, 60, 61, 64, 72, 119

Baptême 17, 44, 57, 81, 93, 148, **153**, 167, 172, 178
béatitude 114
beauté 17, **146**, 156, 180
bénir 121
berger 129, 133, 149
bien-aimé 132, 133, 152, 155
blessures 40, 47, 50, 71, 116, 120
bonté 39, 50, **116**, 124
brûler d'amour 155, 163

Célébration 147
certitude 45, 124, 128, **179**
chapelet 87
charisme 79, 116, 153, 160
charité 47, 86, 133, 134, **155**
chute 92
ciel 61, 69, 132, **141, 142,** 144
coeur 17, 22, 27, 28, **34**, 40, 69, 75, 83, 84, 95, 114, 127, **132, 133,** 147, **154,** 159, 163, 173
coeur d'enfant 33, 34, 113, 114, 115, 120
collectif 94
combat spirituel 80, **88,** 89, 93, 94, 95, 120, 162
commandements 81-145
communauté 42-50, 51, 81, **93,** 94, **147,** 149, 151, 158, 178
communion 32, 66, 133, 168, 170
communion des saints 142, 149, 150
compassion **28, 29, 32,** 33, 93, 111, **122,** 123, 160, 162
condamnation 30, 34, 60, 64, **124,** 148
confession 15, 97, 118, 124, 125, 133, **141,** 152
confiance 27, 35, 37, 41, 45
conflit 167
consoler 101, **110-114, 121,** 124, 144, 153
contemplation 32, 33, 143,
contrition parfaite 63, 64, 68, 73
conversion 18, 30, **68,** 70, 119
convoitise 88
corps 115, **118,** 125
credo 104, 168
croissance spirituelle 43, 139, 144, 147
croix 18, 23, 26, 32, 35, 91, 96, **123, 177**
culpabilisation 36, 64, 66, **111,** 113, 118

Danser 135
décision **23,** 35, 95, 180
délivrance 108
démon 36, 40, 66, 72, **88,** 103, 117, 158, 177
désir 25, 28, 46, 72, 80, 139, 156
désir du ciel **139, 141,** 144
diacre 116, 164

division 169, 179
divorcés remariés 81
don 49, 73, 110, 127

Écoute 38, 57, 122, 148
effusion de l'Esprit 108, 119
Église 17, 37, 45, 62, 67, 68, 74, 80, 81, 86, 94, 97, 104-106, 121, 132, 137, 143, **145-153,** 157, 179
enfer **142,** 144
épouse 38, 146, 147, 151
épreuve 91, 93
esclavage 76, 80, **106,** 107, 146
espérance 72, 91, 117, 129, 130, 154, 160, 178
Esprit Saint 56, 60, **101-110,** 151, 152, 153, 163, 178
Eucharistie 25, 72, 81, 96, 142, 157, 159, **165**
évangéliser 18, 151, **155,** 166, 168, 172

Faiblesse 41, 78, 91, 92
fardeaux 48, **91,** 96
faute 60, 84, 113, 124
ferveur 17, 44, 46, 106, 109, 122, 125, 148, 151, 154, 160, **163,** 167
fête 102, **128, 130**
feu 26, 163
fidèle 15, 45, 61, 72, 77, 87, 96, 126
foi 41, 70, 82, 89, 93, 148, 157, 160, **165, 167**
folie 35, 138, 173, **175, 177**
force 92, 103, 105-132
fragilité 92
fraternité 37, **46,** 48, 57, 59, 85, 93, 157
fruit 62

Guérison 40, 50, 78, 101, **108, 115,** 116, **118-124**
grâce de Dieu 49-51, **52,** 56, 76, **78,** 80, 87, 103, 113, 126, 142, 150, 152, 170, 177, 179, 180

Haine (rancune) 48, 50, 51, 111, 177
homme 15, 60, 130, 160, 172
horoscope 107
humilité 24, 34, 39, 92, 153, **160**

Idole **88,** 95
ignorance 16, 103, 140
imagination 115
immaculé 146
indulgence 47, 140
ingratitude 27, 35, 73, 79, 111
intimité 26, 29
introspection 124
inquiétude (angoisse) **91,** 118, 124

Jeûne 94
joie 43, 45, 72, 109, 114, **128-131,** 141, 151, 179
jugement 30, 60, **123**

Lassitude 92,
libération 42, 50, 54, 56, 65, 74, 76, **87,** 93, **106,** 108, 111, 124, 132
liberté 24, 54
lumière 43, **56-59,** 74, 157, 179

Malade 40, 115, 117, 142
mariage 25, 77, 80, 149, 163, **170,** 171, 178
Marie 32, **69, 70,** 77, 79, 97, 129, 164
mensonge 61, 64, 80, **158**
mère 79, 114
merveille 15, 115, 117, 150, 162
miracle 15, 105, 167, 177, 180
misère 27, 28, 35, **39,** 44, 97, 112, 144, 145
miséricorde 17, 18, **34, 36,** 48, 81, 112, 113, 129
missionnaire **155,** 178
monde 17, 18, 27, 37, 49, 103, 137, 150, **152-153,** 167, 180
mort **99,** 101, **130**
mortification 83, 90

Obstacle 132
offenses 46, 47, 48
onction 76
orgueil 36, 38, 39, 40, 72, 92
oui 72, 151

Paix 17, 37, 43, 49, 93, 97, 102, 119, **121,** 123, **125, 127,** 151, 165, 177
pardonner 15, 35, 36, 40, **46,** 47, **48,** 75, **121,** 170, 171
paroisse 51, 131, 143, **149**
parole 49, 68, 144, 160
passion 32, 84
pastorale **158,** 161, 178
paternité (du prêtre) 30, 31, 34, **160-164**
péché 25, 27, 42, 43, 44, **66,** 76, 88, **111,** 114, 178
péché grave 48, 62, **77**
péché mortel 62
péché social 63
péché véniel 62-63
pénitence **80, 82,** 85, 170
pénitence (faire) 69
Père (Dieu le) 23, 27, **30,** 33, 50, 67, 127, 129, 130
peuple 95, 141
peurs 36, 64, 73
pleurer 36, 114
présomption 77, 92, 96
prêtre 15, 16, 17, 50, 51, 57, 71, 75, 76, 80, 84, 89, 97, 105, 106, 116, 117, **122,** 147-148, **156, 164,** 178
prière 27, 51, 69, 85, 90, **108, 109,** 116, 120, 149, 155, 157
prison **74-76,** 93
prophétique 179
psychisme 125
psychologie 167
psychosomatique 116, 126
purgatoire **142,** 143
purification 108, 141, 143, **146,** 148, 152

Réconciliation 15, 72, 76, 87, 129, 135, **137,** 150, 163, **167, 171**
refus 143
regard 29, 40, 45, 124
regretter **65, 68,** 73
remercier (action de grâces) 101, 109, 120, **147**
remords 84, **125**
rendez-vous d'amour 19, 21, **23, 24,** 27, 46
réparation 83, **84,** 85
repentance 15, 68, 73, 87, 104, **106,** 112, 147
révolte 111, 132, 177

Sacerdoce 78, 106, 138, 156, **159-166**
Saint Sacrement 96, 156, **162, 163**
sacramentaux 148
sacrements 16, 18, 37, 72, **128, 159,** 165
sacrifice 78, 85, 105, 157, **158,** 163, 177
sainteté 43, 90, 122, 126, 137, 139, **140,** 141, 144, 157, 158
sanctification 17, **146,** 161
satisfaction 83, 85
sang de Jésus 18, 26, 32, 83, 123
sauveur 16, 32, 58, 78, 82, 85, 122
scrupules 124, **125**
sécularisme **66**
séduction 88
sobre **92**
soif 40, 127, **139,** 144
soif des âmes 154, 156
souffrance 32, 85, 91, 111, 119, 120

Témoignage 17, 38, 80, 118, 119, 125, 153, 157, 168
tendresse 35, 101, 111, **112**
tentation 27, **89,** 111, 122, 127
tiédeur 16, **61,** 72, 103
touché (coeur) 26, 29, 36, 47, 49, 54, **65,** 70, 73, 110, 178

Trinité (Sainte) 71, 82, 105, 142
tristesse **110,** 111, 124, 132

Union à Dieu 96, 157
unité 17, 36, 137, 167, **168,** 169, 172

Vérité 34, **40,** 43, 48, 56, 57, 58, 65, 74, 81, 153, 157
victoire 78, 87, **90,** 91, 93, 94, 128, 129, 177
vie 54, 57, 99, **101, 103,** 108, **130,** 145
vie éternelle 40, 91, 131, **154**
vie spirituelle 16, 58, 80, 93, **150**
vieil homme 93, 96, 127
vigilance 90, 91, **92,** 96, 107, 127
vocation 17, **155,** 161, 166
voir **57, 66**
voyance 107
vulnérable (coeur) **71**

Table des Matières

PRÉFACE..7

AVANT-PROPOS :
UN SACREMENT DE L'AMOUR........................13

Chapitre I

"A LA RENCONTRE DE NOTRE DIEU D'AMOUR"

1- UN RENDEZ-VOUS D'AMOUR AVEC JÉSUS..............23

Une décision à prendre..........................23
Ne rien laisser perdre de l'amour de Jésus pour nous..........25

2- EN JÉSUS, C'EST LA COMPASSION DU PÈRE
QUI VIENT À NOUS...............................28

Le coeur touché.................................29
En voyant Jésus dans sa Passion..................32

3- DE TOUT COEUR
ACCUEILLIR LA MISÉRICORDE DIVINE................34

Pour accueillir, d'abord faire confiance...........35
...se pardonner à soi-même...........................36
...et croire que cette miséricorde est pour tous.........36

4- ME LAISSER AIMER À PARTIR DE MA MISÈRE 39
Reconnaître la vérité de ma misère 40
Passer par l'aveu qui libère.................................. 42

5- PARDONNE-MOI, COMME J'AI PARDONNÉ À MON FRÈRE 46
Se pardonner entre frères 46
Mais la source du pardon est en Dieu......................... 48

Chapitre II

LA PUISSANCE DE LA GRÂCE DE DIEU

1- D'ABORD, VOIR CLAIR.. 57
Accueillir la lumière.. 57
Sortir de l'aveuglement... 58
...et de la tiédeur 61

2- LE COEUR TOUCHÉ, JE REGRETTE MON PÉCHÉ.......... 65
Qui a le sens de Dieu voit son péché 66
Il est alors possible de le regretter 68
Et c'est la conversion 68
Demander un coeur vulnérable.................................. 71

3- DANS L'AVEU DIEU LIBÈRE DE LA PRISON DU PÉCHÉ ... 74
Décider de sortir de sa prison.................................. 76
Dieu l'accorde par sa grâce 78

4- L'ABSOLUTION ET LA PÉNITENCE........................... 80
Vérité et miséricorde dans l'absolution 81
Faire sa pénitence.. 82
Qui va réparer ? 84

5- LIBÉRÉ, LE COMBAT CONTINUE................................ 87
Le combat spirituel contre nous-mêmes, les idoles et le démon ... 88
Pour vaincre les tentations 89
Rejeter inquiétudes et fardeaux 91
Prudence, vigilance et sobriété.................................. 92
Avec le soutien de la communauté des frères 93

Chapitre III

DE LA MORT À LA VIE

1 - UN SACREMENT
DANS LA PUISSANCE DU SAINT-ESPRIT 103

L'Esprit Saint est Seigneur et donne la vie 103
L'Esprit Saint agit avec force 105
Il nous libère de l'esclavage... 106
...et nous guérit dans la prière 108

2 - ME LAISSER CONSOLER PAR DIEU 110

Consolés de la tristesse due au péché 110
La tendresse de Dieu plus forte que le péché 112

3 - JÉSUS GUÉRIT 115

Se laisser faire par la bonté du Seigneur 116
Jésus guérit les âmes, les esprits et les corps 118

4 - PARDON, CONSOLATION ET GUÉRISON
ENGENDRENT LA PAIX 121

La compassion de Jésus passe par le prêtre 122
Jugement et condamnation disparaissent 123
Remords et scrupules sont vaincus 125
Et c'est la paix de l'âme retrouvée 126

5 - DEUX COEURS QUI SE RETROUVENT
ET C'EST LA FÊTE 128

Un sacrement qui n'est jamais triste 128
La fête de la vie triomphe de la mort 130

Chapitre IV

RAYONNER LA RÉCONCILIATION

1 - UNE SOIF D'AMOUR JUSQU'AU DÉSIR DU CIEL 139

A chaque confession c'est un pas de plus vers le ciel 139
...en travaillant à la sainteté 140
Le ciel, le purgatoire et l'enfer 142

2 - POUR LA BEAUTÉ DE L'ÉGLISE 145
Soumis à une exigence d'amour 145
Sanctification et purification 146
Dans des célébrations communautaires 147
L'avenir de nos paroisses 149
Une intense vie spirituelle pour les fidèles laïcs 150
3 - POUR LE SALUT DU MONDE 152
L'Église au service du monde 153
La soif des âmes dans le coeur de tous les baptisés 154
Mission, évangélisation et vocation 155
4 - POUR CE SACREMENT, UN SACERDOCE 159
Le prêtre reçoit tout de Dieu 159
Une humble paternité.... 160
...qui ne fait jamais écran à Dieu 162
Pour cela, des prêtres fervents 163
5 - AU-DELÀ DU PARDON, LA RÉCONCILIATION 167
Prendre le chemin de la Foi 167
L'oecuménisme indispensable 168
Le couple et la famille sauvés 170
Le pardon absolu dans la réconciliation 171
CONCLUSION :
LA RÉCONCILIATION, FOLIE DE L'AMOUR 175
LES BONNES DISPOSITIONS
POUR RECEVOIR CE SACREMENT 181
COMMENT RECEVOIR
LE SACREMENT DE RÉCONCILIATION 187
PAROLES SACRAMENTELLES D'ABSOLUTION 193
INDEX 195

Impression : Bussière Camedan Imprimeries
à Saint-Amand-Montrond (Cher)
Dépôt légal : février 2000 - N° d'imp. : 000746/1
Imprimé en France